全国“八五”普法
普法知识题集系列 3

青少年

QINGSHAONIAN

普法知识题集

PUFA ZHISHI TIJI

中国法制出版社
CHINA LEGAL PUBLISHING HOUSE

图书在版编目（CIP）数据

青少年普法知识题集 / 中国法制出版社编．—北京：中国法制出版社，2021.6

（普法知识题集系列）

ISBN 978-7-5216-1748-1

Ⅰ.①青… Ⅱ.①中… Ⅲ.①法律-中国-习题集 Ⅳ.①D92-44

中国版本图书馆CIP数据核字（2021）第049390号

策划统筹 胡 斌 唐 鹍

责任编辑 唐 鹍

封面设计 李 宁

青少年普法知识题集

QINGSHAONIAN PUFA ZHISHI TIJI

编者/中国法制出版社

经销/新华书店

印刷/三河市紫恒印装有限公司

开本/880毫米×1230毫米 32开

印张/6.75 字数/176千

版次/2021年6月第1版

2021年6月第1次印刷

中国法制出版社出版

书号 ISBN 978-7-5216-1748-1

定价：28.00元

北京西单横二条2号

邮政编码 100031

传真：010-66031119

网址：http：//www.zgfzs.com

编辑部电话：010-66066820

市场营销部电话：010-66033393

邮购部电话：010-66033288

（如有印装质量问题，请与本社印务部联系调换。电话：010-66032926）

编辑说明

当前，我国已开启全面建设社会主义现代化国家新征程，进入新发展阶段。通过开展“八五”普法，使公民法治素养和社会治理法治化水平显著提升，形成全社会尊法学法守法用法的良好氛围。多层次多领域依法治理深入推进，全社会办事依法、遇事找法、解决问题用法、化解矛盾靠法的法治环境显著改善。

提升公民法治素养是全民普法的主要目标，也是全面依法治国的迫切要求，要突出重点对象，分层分类指导。实行公民终身法治教育制度，把法治教育纳入干部教育体系、国民教育体系、社会教育体系，不断提升全体公民法治意识和法治素养。坚持学用结合、普治并举。注重在立法、执法、司法和法律服务过程中开展实时普法，把普法深度融入立法、执法、司法和法律服务全过程，把普法融入法治实践、基层治理和日常生活。

为配合“八五”普法工作需要，我们组织编写了“普法知识题集系列丛书”。定位普法，覆盖公民、国家工作人员、领导干部、青少年、企业人员等，题型丰富、解析精准、难度适中，从试题角度为普法工作学习提供检验测试工具。丛书具有以下特点：

一、题型丰富。题型涵盖判断题、单选题、多选题、填空题、简答题，完备系统。

二、解析精准。习题均附有参考答案，解析有法律条文做依据，精准可靠。部分判断题、填空题的解析出于节省篇幅考虑，只列出答案和条文序号。

三、难度适中。习题设置避免难题、偏题、怪题，以突出应知应会和重点条文为出发点设置。

本丛书既适合机关、团体、学校、企业、事业单位等组织相关培训配套使用，也适合有学习需求的广大读者阅读。希望本丛书的出版能够有助于引导广大读者养成自觉守法的意识，形成遇事找法的习惯，培养解决问题靠法的意识和能力。为建设信仰法治、公平正义、保障权利、守法诚信、充满活力、和谐有序的社会主义法治社会贡献一份力量。

由于时间和水平有限，不足之处在所难免，敬请广大读者批评指正。

中国法制出版社

2021 年 6 月

目录

一、宪法类

（一）判断题

1. 受教育权既是公民的权利，也是公民的义务。(　　)
2. 劳动权既是公民的权利，也是公民的义务。(　　)
3. 公民在年老、疾病或者丧失劳动能力的情况下，有从国家和社会获得物质帮助的权利。(　　)
4. 在我国，任何公民都享有通信自由和通信秘密。(　　)
5. 公民通过言论自由表达的内容受法律的保护，不受非法干预，所以公民享有的言论自由是绝对的。(　　)
6. 任何公民非经人民检察院批准或决定，或者非经人民法院决定，并由公安机关执行，不受逮捕。(　　)
7. 任何国家机关、社会团体和个人不得强制公民信仰或不信仰宗教，不得歧视信仰和不信仰宗教的公民。(　　)
8. 华侨是居住在外国的中国公民，国家保护华侨的正当的权利和利益。(　　)
9. 劳动是一切有劳动能力公民的光荣职责，因此，每个有劳动能力的公民每年必须从事一定时间的义务劳动。(　　)
10. 中华人民共和国公民有言论、出版、集会、结社、游行、示威的自由。(　　)
11. 公民在特定情况下获得物质帮助权的具体表现除了老年人的物质帮助权，还包括患疾病公民的物质帮助权以及丧失劳动能力公民的物质帮助权。(　　)
12. 因国家安全或者追查刑事犯罪的需要，公安机关、检察机关可以依法对公民的通信进行检查。(　　)
13. 我国公民的人身自由不受侵犯，通信自由和通信秘密受法律保护。(　　)

14. 中华人民共和国公民有休息的权利。（　　）
15. 夫妻双方有实行计划生育的义务。（　　）
16. 公民在行使自由和权利的时候，不得损害国家的、社会的、集体的利益和其他公民的合法的自由和权利。（　　）
17. 凡是在我国居住的、年满 18 周岁的居民就是我国公民。（　　）
18. 父母有抚养教育子女的义务，子女有赡养扶助父母的义务。（　　）
19. 十届全国人大二次会议通过的宪法修正案，把“国家尊重和保障人权”正式载入国家的根本大法。（　　）
20. 中华人民共和国保护华侨的合法的权利与利益，保护归侨和侨眷的正当的权利和利益。（　　）
21. 公民在遭受自然灾害时，有从国家和社会获得物质帮助的权利。（　　）
22. 对公民的申诉、控告或者检举，有关国家机关必须查清事实，负责处理。任何人不得压制和打击报复。（　　）
23. 中华人民共和国妇女在政治的、经济的、文化的、社会的和家庭的生活等各方面享有同男子平等的权利。（　　）
24. 任何公民享有宪法和法律规定的权利，同时必须履行宪法和法律规定的义务。（　　）
25. 保卫祖国、抵抗侵略是中华人民共和国公民的神圣职责。（　　）
26. 公民有维护国家统一和全国各民族团结的义务。（　　）
27. 凡年满 18 岁的中国公民，不分民族、种族、性别、职业、家庭出身、宗教信仰、教育程度、财产状况、居住期限，都有选举权和被选举权。（　　）
28. 旅居国外的中华人民共和国公民在人民代表大会代表选举期间在国内的，可以参加原籍地或者出国前居住地的选举。（　　）
29. 对公民政治权利的剥夺、限制人身自由的强制措施和处罚必须制定法律。（　　）
30. 被监禁的罪犯没有选举权和被选举权。（　　）
31. “公民在法律面前一律平等”只是在宪法和法律规定的范围内的平等，不是事实上的平等。（　　）
32. 由于国家机关和国家工作人员侵犯公民权利而受损失的人，有依法取得补偿的权利。（　　）

33. 住宅权是对公民私生活的空间保护，其范围仅限于公民生活用的住宅。( )
34. 中华人民共和国国旗是五星红旗。( )
35. 中华人民共和国国歌是《义勇军进行曲》。( )
36. 中华人民共和国国歌的词作者是聂耳。( )
37. 中华人民共和国国歌的曲作者是郑律成。( )
38. 中华人民共和国国徽的中间是天安门，周围是麦穗。( )
39. 中华人民共和国的首都是北京。( )
40. 北京是中华人民共和国的政治、文化、经济中心。( )

（二）单项选择题

1. 凡具有中华人民共和国国籍的人都是中华人民共和国( )。

A. 人民　　B. 居民

C. 公民　　D. 国民

2. 任何公民，非经( )批准或者决定或者( )决定，并由( )执行，不受逮捕。

A. 人民检察院；人民法院；公安机关

B. 人民法院；人民检察院；公安机关

C. 人民法院；公安机关；人民检察院

D. 公安机关；人民检察院；人民法院

3. 除因国家安全或者追查刑事犯罪的需要，由公安机关或者( )依照法律规定的程序对通信进行检查外，任何组织或者个人不得以任何理由侵犯公民的通信自由和通信秘密。

A. 监察机关　　B. 司法机关

C. 检察机关　　D. 其他执法机关

4.《宪法》规定，父母有抚养教育未成年子女的义务，( )。

A. 子女有赡养扶助父母的义务

B. 成年子女有赡养扶助年老父母的义务

C. 子女有赡养扶助丧失劳动能力的父母的义务

D. 成年子女有赡养扶助父母的义务

5. 我国公民有受教育的(　　)。

A. 权利　　B. 义务

C. 权力　　D. 权利和义务

6.《宪法》规定，我国享有选举权和被选举权的人是：(　　)

A. 全体公民

B. 全体人民

C. 18 周岁以上的公民

D. 年满 18 周岁且依法未被剥夺政治权利的公民

7. 中华人民共和国公民在(　　)的情况下，有从国家和社会获得物质帮助的权利。

A. 自然灾害

B. 受到犯罪

C. 年老、疾病或者丧失劳动能力

D. 未成年

8. 依法服兵役和参加民兵组织是我国公民的(　　)。

A. 神圣权利　　B. 光荣义务

C. 权利和义务　　D. 神圣职责

9. 关于公民权利，下列选项正确的是：(　　)

A. 劳动、受教育和依法服兵役既是公民的基本权利，又是公民的基本义务

B. 受教育权只是一部分公民的权利

C. 公民仅在年老、疾病的情况下，才能从国家和社会获得物质帮助

D. 国家尊重和保障人权

10. 根据我国《宪法》的规定，下列说法正确的是：(　　)

A. 我国公民在不想劳动时有从国家获得物质帮助的权利

B. 我国公民被剥夺政治权利的，其出版自由也被剥夺

C. 我国公民有信仰宗教与公开传教的自由

D. 我国公民私有财产不受侵犯

11. 下列不属于我国公民基本权利的是：(　　)

A. 爱护公共财产　　B. 宗教信仰自由

C. 人身自由权　　D. 社会经济权利

12.《宪法》不允许任何公民只享有权利而不履行义务的现象存在，也不允许任何公民只履行义务而不享有权利的现象发生，这体现了(　　)。

A. 公民权利和义务平等性　　B. 公民权利和义务广泛性

C. 公民权利和义务的现实性　　D. 公民权利和义务的一致性

13. 规定国家制度和社会制度的基本原则，集中表现各种政治力量对比关系，保障公民基本权利和义务的国家根本法是：(　　)

A. 宪法　　B. 民法

C. 刑法　　D. 行政法

14.《宪法》规定，中华人民共和国(　　)有休息的权利。

A. 劳动者　　B. 公民

C. 职工　　D. 工人

15. 我国采取的出生国籍标准为：(　　)

A. 出生地主义原则

B. 血统主义原则

C. 以血统主义为主、出生地主义为辅的混合主义原则

D. 以出生地主义为主、血统主义为辅的混合主义原则

16. 集会、游行、示威的主管机关是集会、游行、示威地的(　　)。

A. 市、县公安局、城市公安分局

B. 市、县司法局

C. 市、县人民政府

D. 市、县党委

17. 申请集会、游行、示威的负责人如果对主管机关不许可的决定不服的，可以自收到决定通知书之日起(　　)内向同级人民政府申请复议。

A. 3 日　　B. 5 日

C. 15 日　　D. 30 日

18. 主管机关接到集会、游行、示威的申请书后，应当在申请举行日期的(　　)前将许可或不许可的决定书面通知其负责人。

A. 2 日　　B. 3 日

C. 4 日　　D. 5 日

19. 社会团体的登记管理机关是：（ ）
   A. 司法部和县级以上的司法行政部门
   B. 民政部和省级以上的人大常委会
   C. 民政部和县级以上的地方各级民政部门
   D. 公安部和县级以上的公安机关
20. 地方性的社会团体，由社会团体所在地的（ ）负责登记管理。
   A. 人民政府的登记管理机关
   B. 上一级人民政府的登记管理机关
   C. 人民代表大会常务委员会
   D. 公安机关
21. 根据我国《宪法》的规定，下列有关公民基本权利的宪法保护的表述，正确的是：（ ）
   A. 一切公民都有选举权和被选举权
   B. 宪法规定了对华侨、归侨权益的保护，但没有规定对侨眷权益的保护
   C. 宪法对建立劳动者休息和休养的设施未予以规定
   D. 公民合法财产的所有权和私有财产的继承权规定在《宪法》的总纲部分
22. 根据我国《宪法》的规定，下列选项中哪一种情况不是公民获得物质帮助权的条件？（ ）
   A. 公民在年老时　　B. 公民在疾病时
   C. 公民在遭受自然灾害时　　D. 公民在丧失劳动能力时
23. 下列选项中哪一项不属于《宪法》规定的公民的文化权利？（ ）
   A. 科学研究自由　　B. 出版自由
   C. 文学创作自由　　D. 艺术创作自由
24. 下列选项中不属于我国《宪法》规定的公民的基本权利的是：（ ）
   A. 言论、出版　　B. 集会、结社
   C. 游行、示威　　D. 纳税、服兵役
25. 根据宪法和法律，下列哪一项的表述是正确的？（ ）
   A. 被监禁的人因为无人身自由而不享有选举权
   B. 被取保候审的年满 18 周岁的公民没有选举权

C. 精神病患者因为无政治行为能力而自始无选举权

D. 被判有期徒刑但未被剥夺政治权利的年满18周岁的公民有选举权

26. 下列哪一项不属于《宪法》规定的公民的基本权利？（　　）

A. 债权　　B. 平等权

C. 出版自由　　D. 受教育权

27. 我国《宪法》规定的公民的基本义务不包括下列哪项？（　　）

A. 依法选举　　B. 依法纳税

C. 计划生育　　D. 赡养父母

28. 文化教育权利是公民在教育和文化领域享有的权利和自由。根据此说法，下列哪一选项是错误的？（　　）

A. 受教育既是公民的权利，又是公民的义务

B. 宪法规定的文化教育权利是公民的基本权利

C. 我国公民有进行科学研究的自由

D. 文化教育权利属于公民的积极受益权

29. 下列有关我国公民权利的表述有误的是：（　　）

A. 公民对于任何国家机关都有提出批评和建议的权利

B. 公民对任何国家工作人员的违法失职行为都有提出申诉、控告或者检举的权利

C. 国家机关在接到公民提出的申诉、控告或者检举后，可以视情况查清事实，负责处理

D. 国家机关和国家工作人员侵犯公民权利造成损失的，受害人有依法请求赔偿的权利

30. 根据《宪法》的规定，下列哪一选项是不正确的？（　　）

A. 禁止用任何方法对公民进行侮辱、诽谤和诬告陷害

B. 债权是《宪法》明确规定的公民基本权利

C. 禁止非法搜查公民身体

D. 禁止非法搜查或非法侵入公民住宅

31. 下列有关劳动权的表述错误的是：（　　）

A. 国家通过各种途径，创造劳动就业条件，加强劳动保护，改善劳动条件

B. 国有企业和城乡集体经济组织的劳动者都应当以国家主人翁的态度对待自己的劳动

C. 国家提倡社会主义劳动竞赛，奖励劳动模范和先进工作者

D. 国家对在岗劳动者进行必要的劳动就业训练

32. 下列有关退休制度的说法正确的是：(　　)

A. 中华人民共和国公民有劳动的权利和义务

B. 退休制度适用于一切企业事业组织的职工

C. 退休制度仅适用于国家机关工作人员

D. 退休人员的生活受到社会和单位的保障

33. 对于“受教育也是一种义务”的理解错误的是：(　　)

A. 在义务教育阶段，适龄子女应主动完成义务教育

B. 家长或监护人应保证适龄子女或被监护人完成义务教育

C. 政府可以采取一定的强制措施迫使公民接受义务教育

D. 国家和政府在一定条件下可以免除公民完成受教育的义务

34. 关于公民基本权利，下列哪个选项是错误的？(　　)

A. 人权是基本权利的来源，基本权利是人权宪法化的表现

B. 在我国，法人也可以作为基本权利的主体

C. 我国公民在行使权利的时候，不得损害其他公民的合法的自由和利益

D. 权利和义务的平等性是公民基本权利和义务的重要特点

35. 根据《宪法》的规定，监督权不包括(　　)。

A. 批评权　　B. 建议权

C. 检举权　　D. 请求权

36. 中华人民共和国国歌是：(　　)

A. 《义勇军进行曲》　　B. 《东方红》

C. 《红旗颂》　　D. 《祖国颂》

37. 中华人民共和国国歌的词作者和曲作者分别是(　　)和(　　)。

A. 光未然；冼星海　　B. 冼星海；郑律成

C. 田汉；聂耳　　D. 聂耳；田汉

38. 《义勇军进行曲》是下列哪部电影的主题曲？(　　)

A. 《甲午风云》　　B. 《风云儿女》

C. 《南征北战》　　D. 《上甘岭》

39. 中华人民共和国国徽的中间是(　　)图案。

A. 人民大会堂　　B. 故宫

C. 天坛　　D. 天安门

40. 《义勇军进行曲》作为国歌在哪一年被正式写入《宪法》? (　　)

A. 1949 年　　B. 1993 年

C. 1999 年　　D. 2004 年

(三) 多项选择题

1. 我国《宪法》规定，公民在行使自由和权利的时候，不得损害(　　)。

A. 国家的利益　　B. 集体的利益

C. 社会的利益　　D. 其他公民的合法自由和权利

2. 中华人民共和国公民对于任何国家机关和国家工作人员的违法失职行为，有向有关国家机关提出(　　)的权利。

A. 申诉　　B. 上诉

C. 控告　　D. 检举

3. 我国公民享有(　　)的权利和义务。

A. 劳动　　B. 受教育

C. 监督　　D. 选举

4. 《宪法》规定，退休人员的生活受(　　)的保障。

A. 国家机关　　B. 社会

C. 国家　　D. 原单位

5. 下列选项中，属于我国公民的基本义务的有：(　　)

A. 保卫祖国、抵抗侵略

B. 维护国家统一和全国各民族的团结

C. 维护祖国的安全、荣誉和利益

D. 依照法律纳税

6. 中华人民共和国公民的人格尊严不受侵犯，禁止用任何方法对公民进行(　　)。

A. 侮辱　　B. 诽谤和诬告陷害

C. 批评　　D. 控告

7. 我国《宪法》规定，公民有(　　)的自由。

A. 言论　　B. 出版

C. 集会、结社　　D. 游行、示威

8. 下列选项中的中国公民，不享有选举权的有：(　　)

A. 周某，刚满 15 周岁　　B. 吴某，30 周岁，被监视居住

C. 郑某，被剥夺政治权利期间　　D. 王某，50 周岁，患精神病

9. 在我国，公民享有选举权的基本条件是：(　　)

A. 具有中国国籍　　B. 年满 18 周岁

C. 依法享有政治权利　　D. 没有被判处过有期徒刑

10. 下列选项属于不得作为出版物出版的有：(　　)

A. 危害国家统一、主权和领土完整的

B. 煽动民族仇恨，破坏民族团结，侵害民族风俗习惯的

C. 侮辱或者诽谤他人，侵害他人合法权益的

D. 危害社会公德或者民族优秀文化传统的

11. 任何公民，非经(　　)并由公安机关执行，不受逮捕。

A. 人民检察院批准或决定　　B. 人民法院决定

C. 纪检机关决定　　D. 国家安全机关批准

12. 下列表述中正确的有：(　　)

A. 妇女享有与男子平等的就业权利。任何单位任何情况下不得以性别为由拒绝录用妇女或者提高对妇女的录用标准

B. 用人单位不得招用未满 18 周岁的未成年人

C. 国家实行劳动者每日工作时间不超过 8 小时、平均每周工作时间不超过 44 小时的工时制度

D. 劳动者在法定休假日和婚丧假期间以及依法参加社会活动期间，用人单位应当依法支付工资

13. 下列有关义务教育的表述正确的有：(　　)

A. 义务教育是国家统一实施的所有适龄儿童、少年必须接受的教育，是国家必须予以保障的公益性事业

B. 对违反学校管理制度的学生，学校不得将其开除

C. 义务教育阶段不收学费、杂费

D. 年满 18 周岁的中国公民不再享有受教育的权利，不再承担受教育的义务

14. 公民在法律面前一律平等是指在(　　)方面的平等。

A. 立法　　B. 司法

C. 守法　　D. 社会地位

15. 我国保障宗教信仰自由的基本政策有：(　　)

A. 实行宗教信仰自由政策

B. 依法管理宗教事务

C. 坚持独立自主自办原则

D. 积极引导宗教与社会主义社会相适应

16. 广义的人身自由包括：(　　)

A. 人身权　　B. 人格权

C. 住宅安全权　　D. 通信自由和通信秘密

17. 依照法律被剥夺政治权利的人可以享有或行使的权利或自由有：(　　)

A. 人格尊严不受侵犯　　B. 继承权

C. 受教育权　　D. 申诉权

18. 下列权利中不属于政治权利的是：(　　)

A. 选举权　　B. 言论自由权

C. 批评建议权　　D. 通信自由权

19.《宪法》规定，我国公民的义务包括：(　　)

A. 遵守宪法和法律

B. 保守国家秘密

C. 爱护公共财产

D. 遵守劳动纪律，遵守公共秩序，尊重社会公德

20. 根据我国的法律规定，下列哪些人可以取得中国国籍？(　　)

A. 赵某，出生于中国，父亲为美国公民，母亲为中国公民

B. 钱某，出生于法国，父亲为中国公民，母亲为日本公民

C. 孙某，出生于加拿大，已取得加拿大国籍，父母均为中国公民

D. 李某，出生于中国，父亲为无国籍人，母亲也国籍不明

21. 下列选项中属于公民参与政治生活的权利和自由的有：（　　）

A. 选举权　　B. 被选举权

C. 政治自由　　D. 宗教信仰自由

22.《宪法》规定的“公民有宗教信仰自由”的含义是指：（　　）

A. 任何国家机关、社会团体和个人都不得强制公民信仰宗教或者不信仰宗教

B. 公民有信教或不信教的自由

C. 公民有信仰这种宗教或那种宗教的自由

D. 国家保护正常的宗教活动

23. 人格尊严的基本内容主要有：（　　）

A. 公民的名誉权和隐私权　　B. 公民的肖像权

C. 公民的姓名权　　D. 公民的荣誉权

24.《宪法》规定的“中华人民共和国公民的住宅不受侵犯”的含义是指：（　　）

A. 未经法律许可或公民同意不得随意进入公民住宅

B. 禁止非法侵入公民住宅

C. 禁止非法搜查公民住宅

D. 禁止损毁公民住宅

25. 我国公民的基本权利包括政治权利和自由、人身自由以及（　　）。

A. 平等权　　B. 尊重社会公德

C. 监督权　　D. 社会经济文化权利

26. 根据宪法和法律，下列哪些表述是不正确的？（　　）

A. 被剥夺政治权利的公民不再享有科学研究的自由

B. 被剥夺政治权利的公民不再享有艺术创作的自由

C. 被剥夺政治权利的公民不再享有出版著作的自由

D. 被剥夺政治权利的公民不再享有宗教信仰的自由

27. 王某系某村村民，已生育三个女儿，现在又怀上了第四胎。村干部在某日一大早便破门而入，将还未穿戴整齐的王某强行带到村委会教育了一整天，并决定取消其读小学四年级的女儿的“五好学生”的称号。根据我国宪法和法律，村干部的行为侵犯了王某作为公民的哪些宪法权利？（　　）

A. 人身自由　　B. 住宅不受侵犯

C. 受教育的权利　　D. 人格尊严

28. 依据有关法律规定，下列哪些机关所在地周边距离10米至300米内，不得举行集会、游行、示威？（　　）

A. 全国人大常委会　　B. 国务院

C. 外国驻华使领馆　　D. 最高人民法院

29. 公民应当履行宪法规定的义务。下列哪些是公民应尽的义务？（　　）

A. 国家安全受到威胁时，公民应当积极报名参军，保卫国家

B. 公民若获悉国家秘密，应保守国家秘密

C. 公民不得借检举之名，对国家工作人员捏造或歪曲事实进行诬告陷害

D. 有劳动能力的公民应参加劳动

30. 在我国，“公民”和“人民”是两个不同的概念，它们的区别主要有：（　　）

A. 性质不同。公民是法律概念；人民是政治概念

B. 范围不同。公民包括全体社会成员，人民不包括全体社会成员，依法被剥夺政治权利的人和敌对分子不属于人民

C. 后果不同。所有的公民都享有宪法和法律规定的权利并履行相应的义务，但并非所有的人民都享有宪法和法律规定的权利并履行相应的义务

D. 公民所表达的一般是个体概念，人民所表达的一般是群体概念

31. 我国《宪法》规定的公民的言论自由具有特定的范围和表现形式，一般而言包括：（　　）

A. 公民都有以言论方式表达思想和见解的权利

B. 表达有关政治、经济、文化、社会等方面的看法和见解受法律保护，不受非法干涉

C. 言论自由的表现形式多样，包括口头形式、书面形式以及广播电视等

D. 在法定范围内，公民不应因某种言论而承担不利后果

32. 公民行使集会、游行、示威权利时，应向主管机关提出申请并获得许可。下列哪些选项属于依法不予许可的情形？（　　）

A. 对社会环境不满意

B. 危害国家的统一

C. 危害国家的主权和领土完整

D. 反对宪法所规定的基本原则

33. 根据《宪法》的规定，下列哪些权利是公民享有的监督权？（　　）

A. 罢免权

B. 集会、游行、示威

C. 批评和建议的权利

D. 申诉、控告或者检举的权利

34. 某县人民法院在审理民事案件过程中，要求县移动通信营业部提供某通信用户的电话详单。根据我国宪法的规定，下列说法正确的是：（　　）

A. 用户电话详单属于宪法保护的公民通信秘密的范围

B. 县人民法院有权要求县移动通信营业部提供任何移动通信用户的电话详单

C. 县移动通信营业部有义务保护通信用户的通信自由和通信秘密

D. 县人民法院有权检查任何移动通信用户的电话详单

35. 根据《宪法》的规定，关于公民纳税义务，下列哪些选项是正确的？（　　）

A. 国家在确定公民纳税义务时，要保证税制科学合理和税收负担公平

B. 要坚持税收法定原则，税收基本制度实行法律保留

C. 纳税义务直接涉及公民个人财产权，宪法规定的纳税义务具有防止国家权力侵犯其财产权的属性

D. 履行纳税义务是公民享有其他权利的前提条件

36. 中华人民共和国国徽由下列哪些元素组成？（　　）

A. 五星　　B. 天安门

C. 谷穗　　D. 齿轮

37. 中华人民共和国国歌在下列那些场合可以奏唱？（　　）

A. 世界杯决赛出现中国队　　B. 中国运动员获得奥运会金牌

C. 小学举行升旗仪式　　D. 某公司剪彩活动

38. 下列哪些场合不得奏唱国歌？（　　）

A. 个人婚礼　　B. 大学联谊会

C. 商业活动　　D. 私人悼念活动

（四）填空题

1. 凡具有中华人民共和国国籍的人都是中华人民共和国____。
2. 公民在法律面前一律平等，既包括司法上的平等，即公民在____上一律平等，也包括公民在守法上一律平等。
3. 中华人民共和国年满____周岁的公民，不分民族、种族、性别、职业、家庭出身、宗教信仰、教育程度、财产状况、居住期限，都有选举权和被选举权；但是依照法律被____的人除外。
4. 表达自由是指言论、____、集会、____、游行、示威的自由。
5. 中华人民共和国公民有宗教信仰自由。国家保护____的宗教活动。____和宗教____不受外国势力的支配。
6. 任何人不得利用宗教进行破坏社会____、损害公民____、妨碍____的活动。
7. 任何公民，非经人民检察院____或者____，或者人民法院____，并由公安机关____，不受____。
8. 中华人民共和国公民的人格尊严不受侵犯。禁止用任何方法对公民进行____、____和____。
9. 中华人民共和国公民的住宅不受侵犯。禁止非法____或者非法____公民的住宅。
10. 中华人民共和国公民的通信自由和通信秘密受法律的保护。除因____安全或者追查____的需要，由____机关或者____机关依照法律规定的程序对通信进行检查外，任何组织或者个人不得以任何理由侵犯公民的通信自由和通信秘密。
11. 中华人民共和国公民对于任何国家机关和____，有提出批评和建议的权利；对于任何国家机关和____的____行为，有向有关国家机关提出申诉、控告或者检举的权利。
12. 由于国家机关和国家工作人员侵犯公民权利而受到损失的人，有依照法律规定____的权利。
13. 国家通过各种途径，创造劳动就业条件，加强劳动保护，改善劳动条件，并在____的基础上，提高劳动报酬和福利待遇。
14. 劳动是一切有____的公民的光荣职责。国家提倡公民从事____劳动。

15. 中华人民共和国____有休息的权利。
16. 国家发展劳动者休息和休养的设施，规定职工的工作____和____制度。
17. 中华人民共和国公民在____、____或者丧失____的情况下，有从国家和社会获得物质帮助的权利。
18. 国家发展为公民享受物质帮助权利所需要的社会____、社会____和____事业。
19. 国家和社会保障残废军人的生活，抚恤____家属，优待____家属。
20. 国家和社会帮助安排盲、聋、哑和其他有残疾的公民的____、____和____。
21. 国家培养青年、少年、儿童在____、____、____等方面全面发展。
22. 中华人民共和国公民有进行____、____创作和其他文化活动的自由。
23. 中华人民共和国妇女在政治的、经济的、文化的、____的和____的生活等各方面享有同男子平等的权利。
24. 国家保护妇女的权利和利益，实行男女____，培养和选拔____干部。
25. ____双方有实行计划生育的义务。
26. 父母有抚养教育____的义务，____有赡养扶助父母的义务。
27. 禁止破坏婚姻自由，禁止虐待____、____和____。
28. 中华人民共和国保护华侨的____的权利和利益，保护归侨和侨眷的____的权利和利益。
29. 中华人民共和国公民在行使____和____的时候，不得损害国家的、社会的、集体的利益和其他公民的合法的____和____。
30. 保卫祖国、抵抗侵略是中华人民共和国每一个公民的____。依照法律服兵役和参加民兵组织是中华人民共和国公民的____。
31. 中华人民共和国公民必须遵守宪法和法律，保守____，爱护____，遵守劳动纪律，遵守公共秩序，尊重社会公德。
32. 中华人民共和国公民有维护祖国的____、____和____的义务。
33. 中华人民共和国国旗是____。
34. 中华人民共和国国歌是《____》。
35. 中华人民共和国国徽，中间是____照耀下的____，周围是____和____。
36. 中华人民共和国首都是____。

（五）简答题

1. 什么是宗教信仰自由？
2. 试述我国公民的政治权利。
3. 我国公民基本权利的主要特点是什么？
4. 简述我国宪法所规定的公民的基本义务。
5. 如何理解我国现行宪法规定的人身自由权？
6. 简述我国公民的经济权利。
7. 怎样理解“公民在法律面前一律平等”？

参考答案

（一）判断题

1. √，解析：《宪法》第46条第1款规定：“中华人民共和国公民有受教育的权利和义务。”
2. √，解析：《宪法》第42条第1款规定：“中华人民共和国公民有劳动的权利和义务。”
3. √，解析：《宪法》第45条第1款规定，中华人民共和国公民在年老、疾病或者丧失劳动能力的情况下，有从国家和社会获得物质帮助的权利。
4. ×，解析：《宪法》第40条规定：“中华人民共和国公民的通信自由和通信秘密受法律的保护。除因国家安全或者追查刑事犯罪的需要，由公安机关或者检察机关依照法律规定的程序对通信进行检查外，任何组织或者个人不得以任何理由侵犯公民的通信自由和通信秘密。”可见，部分涉嫌犯罪的公民的通信自由和通信秘密受到限制。
5. ×，解析：《宪法》第51条规定：“中华人民共和国公民在行使自由和权利的时候，不得损害国家的、社会的、集体的利益和其他公民的合法的自由和权利。”
6. √，解析：《宪法》第37条第2款：“任何公民，非经人民检察院批准或者决定或者人民法院决定，并由公安机关执行，不受逮捕。”
7. √，解析：《宪法》第36条第2款：“任何国家机关、社会团体和个人不得强制公民信仰宗教或者不信仰宗教，不得歧视信仰宗教的公民和不信仰宗教的公民。”

8. √，解析：《宪法》第 50 条：“中华人民共和国保护华侨的正当的权利和利益，保护归侨和侨眷的合法的权利和利益。”
9. ×，解析：宪法和法律未强制有劳动能力的公民从事义务劳动。《宪法》第 42 条第 3 款规定，国家提倡公民从事义务劳动。
10. √，解析：《宪法》第 35 条规定：“中华人民共和国公民有言论、出版、集会、结社、游行、示威的自由。”
11. √，解析：《宪法》第 45 条第 1 款规定，中华人民共和国公民在年老、疾病或者丧失劳动能力的情况下，有从国家和社会获得物质帮助的权利。
12. √，解析：《宪法》第 40 条规定：“中华人民共和国公民的通信自由和通信秘密受法律的保护。除因国家安全或者追查刑事犯罪的需要，由公安机关或者检察机关依照法律规定的程序对通信进行检查外，任何组织或者个人不得以任何理由侵犯公民的通信自由和通信秘密。”
13. √，解析：见《宪法》第 37 条、第 40 条的规定。
14. ×，解析：《宪法》第 43 条第 1 款规定：“中华人民共和国劳动者有休息的权利。”
15. √，解析：《宪法》第 49 条第 2 款规定：“夫妻双方有实行计划生育的义务。”
16. √，解析：《宪法》第 51 条规定：“中华人民共和国公民在行使自由和权利的时候，不得损害国家的、社会的、集体的利益和其他公民的合法的自由和权利。”
17. ×，解析：《宪法》第 33 条第 1 款规定：“凡具有中华人民共和国国籍的人都是中华人民共和国公民。”
18. ×，解析：《宪法》第 49 条第 3 款规定：“父母有抚养教育未成年子女的义务，成年子女有赡养扶助父母的义务。”
19. √，解析：参见 2004 年 3 月 14 日第十届全国人民代表大会第二次会议通过的《中华人民共和国宪法修正案》第 24 条。
20. ×，解析：《宪法》第 50 条规定：“中华人民共和国保护华侨的正当的权利和利益，保护归侨和侨眷的合法的权利和利益。”
21. ×，解析：《宪法》第 45 条第 1 款规定：“中华人民共和国公民在年老、疾病或者丧失劳动能力的情况下，有从国家和社会获得物质帮助的权利。”
22. √，解析：《宪法》第 41 条第 2 款规定：“对于公民的申诉、控告或者检举，有关国家机关必须查清事实，负责处理。任何人不得压制和打击报复。”
23. √，解析：《宪法》第 48 条第 1 款规定：“中华人民共和国妇女在政治的、经济的、文化的、社会的和家庭的生活等各方面享有同男子平等的权利。”

24. √，解析：《宪法》第 33 条第 4 款规定："任何公民享有宪法和法律规定的权利，同时必须履行宪法和法律规定的义务。"
25. √，解析：《宪法》第 55 条第 1 款规定："保卫祖国、抵抗侵略是中华人民共和国每一个公民的神圣职责。"
26. √，解析：《宪法》第 52 条规定："中华人民共和国公民有维护国家统一和全国各民族团结的义务。"
27. ×，解析：《宪法》第 34 条规定："中华人民共和国年满十八周岁的公民，不分民族、种族、性别、职业、家庭出身、宗教信仰、教育程度、财产状况、居住期限，都有选举权和被选举权；但是依照法律被剥夺政治权利的人除外。"
28. ×，解析：《全国人民代表大会和地方各级人民代表大会选举法》第 6 条规定，全国人民代表大会和归侨人数较多地区的地方人民代表大会，应当有适当名额的归侨代表。旅居国外的中华人民共和国公民在县级以下人民代表大会代表选举期间在国内的，可以参加原籍地或者出国前居住地的选举。
29. √，解析：《立法法》第 8 条规定，对公民政治权利的剥夺、限制人身自由的强制措施和处罚只能制定法律。
30. ×，解析：被监禁的罪犯如果没有被判决剥夺政治权利，则仍享有选举权和被选举权。
31. √，解析：略。
32. ×，解析：《宪法》第 41 条第 3 款规定："由于国家机关和国家工作人员侵犯公民权利而受到损失的人，有依照法律规定取得赔偿的权利。"
33. ×，解析：工作场所也应属于广义上的住宅的概念。
34. √，解析：《宪法》第 141 条第 1 款规定，中华人民共和国国旗是五星红旗。
35. √，解析：《宪法》第 141 条第 2 款规定，中华人民共和国国歌是《义勇军进行曲》。
36. ×，解析：聂耳是《义勇军进行曲》的曲作者。《义勇军进行曲》的词作者田汉（1898－1968）是中国现代著名的剧作家、词作家，他创作的歌词《万里长城》的第一段后来成为中华人民共和国国歌《义勇军进行曲》的歌词。
37. ×，解析：《义勇军进行曲》的曲作者聂耳（1912－1935）是中国无产阶级革命音乐的先驱。聂耳于 1935 年初创作了著名的《义勇军进行曲》。1935 年 7 月 17 日，年仅 23 岁的聂耳在日本藤泽市游泳时，不幸溺水身亡。聂耳的去世，是中国现代音乐事业的巨大损失。

38. ×，解析：表述不正确。《宪法》第 142 条规定，中华人民共和国国徽，中间是五星照耀下的天安门，周围是谷穗和齿轮。
39. √，解析：参见《宪法》第 143 条。
40. ×，解析：《国务院关于北京城市总体规划的批复》中提到北京是中国的政治、文化中心，中国经济的决策和管理中心。中国的经济、金融中心是上海。

（二）单项选择题

1. C，解析：《宪法》第 33 条第 1 款规定："凡具有中华人民共和国国籍的人都是中华人民共和国公民。"
2. A，解析：《宪法》第 37 条第 2 款规定："任何公民，非经人民检察院批准或者决定或者人民法院决定，并由公安机关执行，不受逮捕。"
3. C，解析：《宪法》第 40 条规定："中华人民共和国公民的通信自由和通信秘密受法律的保护。除因国家安全或者追查刑事犯罪的需要，由公安机关或者检察机关依照法律规定的程序对通信进行检查外，任何组织或者个人不得以任何理由侵犯公民的通信自由和通信秘密。"
4. D，解析：《宪法》第 49 条第 3 款："父母有抚养教育未成年子女的义务，成年子女有赡养扶助父母的义务。"
5. D，解析：《宪法》第 46 条第 1 款规定："中华人民共和国公民有受教育的权利和义务。"
6. D，解析：《宪法》第 34 条："中华人民共和国年满十八周岁的公民，不分民族、种族、性别、职业、家庭出身、宗教信仰、教育程度、财产状况、居住期限，都有选举权和被选举权；但是依照法律被剥夺政治权利的人除外。"
7. C，解析：《宪法》第 45 条第 1 款规定："中华人民共和国公民在年老、疾病或者丧失劳动能力的情况下，有从国家和社会获得物质帮助的权利。"
8. B，解析：《宪法》第 55 条第 2 款规定："依照法律服兵役和参加民兵组织是中华人民共和国公民的光荣义务。"
9. D，解析：《宪法》第 55 条第 2 款规定："依照法律服兵役和参加民兵组织是中华人民共和国公民的光荣义务。"依法服兵役不是我国公民的基本权利，因此 A 选项错误。《宪法》第 46 条第 1 款规定："中华人民共和国公民有受教育的权利和义务。"受教育是全体中国公民的权利和义务，因此 B 选项错误。《宪法》第 45 条第 1 款规定，中华人民共和国公民在年老、疾病或者丧失劳动能力的情况下，有从国家和社会获得物质帮助的权利。因此 C 选项错误。2004 年宪法修正案将"国家尊重和保障人权"纳入《宪法》第 33 条，D 选项正确。

10. B，解析：中华人民共和国公民在年老、疾病或者丧失劳动能力的情况下，有从国家和社会获得物质帮助的权利，A 选项错误。根据《刑法》第 54 条的规定，剥夺政治权利包括以下几方面的内容：（1）选举权和被选举权；（2）言论、出版、集会、结社、游行、示威自由的权利；（3）担任国家机关职务的权利；（4）担任国有公司、企业、事业单位和人民团体领导职务的权利。B 选项正确。我国宪法未规定公民有公开传教的自由，C 选项错误。我国公民合法的私有财产不受侵犯。D 选项错误。
11. A，解析：略。
12. D，解析：我国《宪法》规定的关于公民权利和义务的特点是：（1）权利和义务的广泛性。享受权利和承担义务的主体广泛，同时，宪法确认和保障的公民权利和义务的范围广泛。（2）权利和义务的现实性。《宪法》实事求是地从实际出发确定公民权利和义务的内容，并规定了实现权利的法律保障和物质保障。（3）权利和义务的平等性。公民在权利上一律平等，在守法上、司法上一律平等。（4）权利和义务的一致性。公民享有权利必须履行相应的义务，反之，公民履行《宪法》规定的义务，必须享受《宪法》规定的权利。
13. A，解析：我国公民的基本权利和基本义务即指由我国《宪法》确认的权利和义务。
14. A，解析：《宪法》第 43 条第 1 款规定："中华人民共和国劳动者有休息的权利。"
15. C，解析：根据我国《国籍法》的规定，以下情形可以取得我国国籍：（1）父母双方或一方为中国公民，本人出生在中国，具有中国国籍。（2）父母双方或一方为中国公民，本人出生在外国，具有中国国籍；但父母双方或一方为中国公民并定居在外国，本人出生时即具有外国国籍的，不具有中国国籍。（3）父母无国籍或国籍不明，定居在中国，本人出生在中国，具有中国国籍。（4）外国人或无国籍人，愿意遵守中国宪法和法律，符合法律规定的条件并申请加入中国国籍得到批准的，即取得中国国籍；被批准加入中国国籍的，不得再保留外国国籍。
16. A，解析：根据《集会游行示威法实施条例》第 7 条第 1 款规定："集会、游行、示威由举行地的市、县公安局、城市公安分局主管。"
17. A，解析：根据《集会游行示威法实施条例》第 14 条规定，集会、游行、示威的负责人对主管公安机关不许可的决定不服的，可以自接到不许可决定书之日起 3 日内向同级人民政府申请复议。

18. A，解析：根据《集会游行示威法实施条例》第 10 条第 2 款规定，决定书应当在申请举行集会、游行、示威日的 2 日前送达其负责人，由负责人在送达通知书上签字。

19. C，解析：《社会团体登记管理条例》第 6 条第 1 款规定："国务院民政部门和县级以上地方各级人民政府民政部门是本级人民政府的社会团体登记管理机关。"

20. A，解析：《社会团体登记管理条例》第 7 条规定："全国性的社会团体，由国务院的登记管理机关负责登记管理；地方性的社会团体，由所在地人民政府的登记管理机关负责登记管理；跨行政区域的社会团体，由所跨行政区域的共同上一级人民政府的登记管理机关负责登记管理。"

21. D，解析：享有选举权和被选举权的条件包括中国国籍、年满 18 周岁、未被剥夺政治权利。A 选项错误。《宪法》第 50 条规定："中华人民共和国保护华侨的正当的权利和利益，保护归侨和侨眷的合法的权利和利益。" B 选项错误。《宪法》第 43 条第 2 款规定："国家发展劳动者休息和休养的设施，规定职工的工作时间和休假制度。" C 选项错误。

22. C，解析：《宪法》第 45 条第 1 款规定："中华人民共和国公民在年老、疾病或者丧失劳动能力的情况下，有从国家和社会获得物质帮助的权利。"

23. B，解析：《宪法》第 47 条规定，中华人民共和国公民有进行科学研究、文学艺术创作和其他文化活动的自由。出版自由属于公民政治权利和自由的范畴。

24. D，解析：略。

25. D，解析：享有选举权和被选举权的条件包括且仅限于中国国籍、年满 18 周岁、未被剥夺政治权利。未被判决剥夺政治权利的罪犯也享有选举权和被选举权。

26. A，解析：我国公民的平等权、出版自由和受教育权都在《宪法》中有明确规定。

27. A，解析：基本义务是指由《宪法》所确认的义务，依法选举不属于基本义务。

28. D，解析：《宪法》第 46 条第 1 款规定："中华人民共和国公民有受教育的权利和义务。"公民的积极受益权，是指国家应采取积极的干预方式，为公民享有此项权利提供充分的物质条件，特别是应给予社会弱者以较大的关注。因为这种权利是国家积极给予、公民可以积极主动向国家提出请求，所以叫积极受益权。消极防御权，是指公民行使该项权利一般不需要国家以积极的方式予以保障，国家仅负有不侵害该权利的合法行使，并在该权利受到侵害时予以救济的义务。文化教育权利不属于公民的积极受益权，因此D选项错误。

29. C，解析：《宪法》第41条第2款规定："对于公民的申诉、控告或者检举，有关国家机关必须查清事实，负责处理。任何人不得压制和打击报复。"

30. B，解析：略。

31. D，解析：《宪法》第42条第4款规定："国家对就业前的公民进行必要的劳动就业训练。"

32. B，解析：《宪法》第44条规定："国家依照法律规定实行企业事业组织的职工和国家机关工作人员的退休制度。退休人员的生活受到国家和社会的保障。"C、D选项错误；B选项正确；A选项不属于退休制度的内容。

33. D，解析：略。

34. B，解析：宪法规定的权利和义务，其主体只能是中华人民共和国公民，法人或单位组织等非自然人不能作为我国基本权利的享有者。

35. D，解析：《宪法》第41条第1款规定："中华人民共和国公民对于任何国家机关和国家工作人员，有提出批评和建议的权利；对于任何国家机关和国家工作人员的违法失职行为，有向有关国家机关提出申诉、控告或者检举的权利，但是不得捏造或者歪曲事实进行诬告陷害。"

36. A，解析：《宪法》第141条第2款规定，中华人民共和国的国歌是《义勇军进行曲》。

37. C，解析：中华人民共和国国歌《义勇军进行曲》的词作者是田汉，曲作者是聂耳。光未然和冼星海分别是《保卫黄河》的词作者和曲作者。郑律成是中国人民解放军军歌的曲作者。

38. B，解析：《义勇军进行曲》原本是聂耳于1935年为上海电通公司拍摄的故事影片《风云儿女》所作的主题歌。

39. D，解析：详见《宪法》第142条的规定。

40. D，解析：2004年3月14日第十届全国人民代表大会第二次会议正式将《义勇军进行曲》作为国歌写入《宪法》。《中华人民共和国宪法修正案（2004）》（2004年3月14日第十届全国人民代表大会第二次会议通过）第31条规定，宪法第四章章名"国旗、国徽、首都"修改为"国旗、国歌、国徽、首都"。宪法第136条增加一款，作为第2款："中华人民共和国国歌是《义勇军进行曲》。"

（三）多项选择题

1. ABCD，解析：《宪法》第 51 条规定："中华人民共和国公民在行使自由和权利的时候，不得损害国家的、社会的、集体的利益和其他公民的合法的自由和权利。"
2. ACD，解析：《宪法》第 41 条第 1 款规定："中华人民共和国公民对于任何国家机关和国家工作人员，有提出批评和建议的权利；对于任何国家机关和国家工作人员的违法失职行为，有向有关国家机关提出申诉、控告或者检举的权利，但是不得捏造或者歪曲事实进行诬告陷害。"
3. AB，解析：《宪法》第 42 条第 1 款规定："中华人民共和国公民有劳动的权利和义务。"《宪法》第 46 条第 1 款规定："中华人民共和国公民有受教育的权利和义务。"
4. BC，解析：《宪法》第 44 条规定："国家依照法律规定实行企业事业组织的职工和国家机关工作人员的退休制度。退休人员的生活受到国家和社会的保障。"
5. ABCD，解析：参见《宪法》第 52 条、54 条、55 条、56 条。
6. AB，解析：《宪法》第 38 条规定："中华人民共和国公民的人格尊严不受侵犯。禁止用任何方法对公民进行侮辱、诽谤和诬告陷害。"
7. ABCD，解析：《宪法》第 35 条规定："中华人民共和国公民有言论、出版、集会、结社、游行、示威的自由。"
8. AC，解析：享有选举权和被选举权的条件包括且仅限于中国国籍、年满 18 周岁、未被剥夺政治权利。未被判决剥夺政治权利的罪犯也享有选举权和被选举权。
9. ABC，解析：享有选举权和被选举权的条件包括且仅限于中国国籍、年满 18 周岁、未被剥夺政治权利。未被判决剥夺政治权利的罪犯也享有选举权和被选举权。
10. ABCD，解析：略。
11. AB，解析：《宪法》第 37 条第 2 款规定："任何公民，非经人民检察院批准或者决定或者人民法院决定，并由公安机关执行，不受逮捕。"
12. CD，解析：根据《劳动法》第 13 条规定，单位在录用职工时，可以根据国家规定的不适合妇女的工种或者岗位自主录用职工。A 选项错误；我国的合法劳动年龄为年满 16 周岁。B 选项错误。
13. ABC，解析：受教育的权利和义务以完成义务教育作为终点，与年龄没有必然联系。

14. BC，解析：公民在法律面前一律平等的含义仅限于在适用法律和遵守法律方面的平等，即司法和守法平等。

15. ABCD，解析：具体内容参见 2018 年 4 月国务院新闻办公室发布的《中国保障宗教信仰自由的政策和实践》。

16. ABCD，解析：略。

17. ABCD，解析：根据《刑法》第 54 条的规定，剥夺政治权利包括以下几方面的内容：（1）选举权和被选举权；（2）言论、出版、集会、结社、游行、示威自由的权利；（3）担任国家机关职务的权利；（4）担任国有公司、企业、事业单位和人民团体领导职务的权利。

18. CD，解析：公民的政治权利包括选举权和被选举权，以及言论、出版、集会、结社、游行、示威的自由。

19. ABCD，解析：《宪法》第 53 条规定："中华人民共和国公民必须遵守宪法和法律，保守国家秘密，爱护公共财产，遵守劳动纪律，遵守公共秩序，尊重社会公德。"

20. ABD，解析：我国在国籍取得问题上采出生地主义与血统主义相结合的原则，并且不承认双重国籍。具体来讲，《国籍法》第 4 条规定："父母双方或一方为中国公民，本人出生在中国，具有中国国籍。"A 选项属于这种情况。第 5 条规定："父母双方或一方为中国公民，本人出生在外国，具有中国国籍；但父母双方或一方为中国公民并定居在外国，本人出生时即具有外国国籍的，不具有中国国籍。"B 选项正确。而 C 选项则属于"但书"规定的例外情况，因德国采出生地主义原则，所以孙某出生时即具有德国国籍，从而不具有中国国籍。第 6 条规定："父母无国籍或国籍不明，定居在中国，本人出生在中国，具有中国国籍。"D 选项正确。

21. ABC，解析：略。

22. ABCD，解析：略。

23. ABCD，解析：人格尊严是指公民作为平等的人的资格和权利应该受到国家的承认和尊重，包括与人身密切联系的名誉、荣誉、姓名、肖像等不容侵犯的权利。人格尊严是人格权的核心，人格尊严的法律表现即为公民的人格权。

24. ABC，解析：《宪法》第 39 条规定："中华人民共和国公民的住宅不受侵犯。禁止非法搜查或者非法侵入公民的住宅。"

25. ACD，解析：参见《宪法》第 33 条、34 条、41 条、42－48 条。

26. ABD，解析：被剥夺政治权利的公民仍享有宪法规定的其他权利和自由。只有C选项出版自由是政治权利的内容，所以被剥夺政治权利的公民不再享有出版自由。而A、B选项属于《宪法》第47条规定的公民的文化权利；D选项属于《宪法》第36条规定的宗教信仰自由，不属于政治权利。

27. ABD，解析：本题中，村干部侵犯了王某的人身自由。人身自由是权利主体在法律范围内自主支配行动的自由。限制人身自由只能由法定机关、根据法定理由、遵循法定程序才能实施。村干部将王某“强行带到村委会教育了一整天”，是对其人身自由的非法限制，侵犯了《宪法》第37条所确认的人身自由，所以A选项应选。另外根据题干介绍，有“破门而入”的情节，是侵犯了王某享有的《宪法》第39条所确认的住宅不受侵犯的权利，所以B选项应选。“将还未及穿戴整齐的王某强行带到村委会”侵犯了《宪法》第38条所确认的人格尊严权，所以D选项应选。而“取消其读小学四年级的女儿的‘五好学生’称号”，侵犯的是其女儿的荣誉权。荣誉权是指公民有获得并保持各种嘉奖的权利，包括各种荣誉称号、证书、勋章、奖章、奖状等，是公民在学习、生产、工作或战斗中表现突出，成绩卓著，立有功勋而获得光荣称号。王某违反计划生育和其女儿的“五好学生”称号没有关系，村干部取消“五好学生”的称号，是对王某女儿的荣誉权的非法剥夺。由于受侵害的不是其女儿的受教育权，更非王某的受教育权，所以C项不选。

28. ABD，解析：《集会游行示威法》第23条规定：“在下列场所周边距离十米至三百米内，不得举行集会、游行、示威，经国务院或者省、自治区、直辖市的人民政府批准的除外：（一）全国人民代表大会常务委员会、国务院、中央军事委员会、最高人民法院、最高人民检察院的所在地；（二）国宾下榻处；（三）重要军事设施；（四）航空港、火车站和港口。”所以，C选项不在规定之列。在外国使领馆附近举行集会、游行、示威也受一定的限制，该法第22条规定：“集会、游行、示威在国家机关、军事机关、广播电台、电视台、外国驻华使馆领馆等单位所在地举行或者经过的，主管机关为了维护秩序，可以在附近设置临时警戒线，未经人民警察许可，不得逾越。”

29. ABCD，解析：略。

30. ABD，解析：略。

31. ABCD，解析：略。

32. BCD，解析：略。

33. CD，解析：《宪法》第41条第1款规定：“中华人民共和国公民对于任何国家机关和国家工作人员，有提出批评和建议的权利；对于任何国家机关和国家工作人员的违法失职行为，有向有关国家机关提出申诉、控告或者检举的权利，但是不得捏造或者歪曲事实进行诬告陷害。”

34. AC，解析：通信自由，是指公民通过书信、电话、电信及其他通讯手段，根据自己的意愿自由进行通信不受他人干涉的自由。通信是公民参与社会生活、进行社会交流的必要手段，是公民不可缺少的自由。通信自由的主要内容是通信秘密。公民的通信自由和通信秘密是宪法确定的公民的基本人身权利之一，《宪法》第40条规定：“中华人民共和国公民的通信自由和通信秘密受法律的保护。除因国家安全或者追查刑事犯罪的需要，由公安机关或者检察机关依照法律规定的程序对通信进行检查外，任何组织或者个人不得以任何理由侵犯公民的通信自由和通信秘密。”A选项正确；本题中的案件为民事案件，不具备限制公民通信秘密的法定理由，法院也不是宪法规定的法定机关，所以B、D项错误；为社会提供通信服务的单位和个人，有义务保护客户的通信记录等通信信息，C项正确。
35. ABC，解析：略。
36. ABCD，解析：《宪法》第142条规定，中华人民共和国国徽，中间是五星照耀下的天安门，周围是谷穗和齿轮。
37. ABC，解析：《国歌法》第4条规定：“在下列场合，应当奏唱国歌：（一）全国人民代表大会会议和地方各级人民代表大会会议的开幕、闭幕；中国人民政治协商会议全国委员会会议和地方各级委员会会议的开幕、闭幕；（二）各政党、各人民团体的各级代表大会等；（三）宪法宣誓仪式；（四）升国旗仪式；（五）各级机关举行或者组织的重大庆典、表彰、纪念仪式等；（六）国家公祭仪式；（七）重大外交活动；（八）重大体育赛事；（九）其他应当奏唱国歌的场合。”
38. ABCD，解析：《国歌法》第8条规定：“国歌不得用于或者变相用于商标、商业广告，不得在私人丧事活动等不适宜的场合使用，不得作为公共场所的背景音乐等。”因此，本题的答案为ABCD。

（四）填空题

1. 公民。（《宪法》第33条）
2. 适用法律。（《宪法》第33条）
3. 十八；剥夺政治权利。（《宪法》第34条）
4. 出版；结社。（《宪法》第35条）
5. 正常；团体；事务。（《宪法》第36条）

6. 秩序；身体健康；国家教育制度。（《宪法》第 36 条）
7. 批准；决定；决定；执行；逮捕。（《宪法》第 37 条）
8. 侮辱；诽谤；诬告陷害。（《宪法》第 38 条）
9. 搜查；侵入。（《宪法》第 39 条）
10. 国家；刑事犯罪；公安；检察。（《宪法》第 40 条）
11. 国家工作人员；国家工作人员；违法失职。（《宪法》第 41 条）
12. 取得赔偿。（《宪法》第 41 条）
13. 发展生产。（《宪法》第 42 条）
14. 劳动能力；义务。（《宪法》第 42 条）
15. 劳动者。（《宪法》第 43 条）
16. 时间；休假。（《宪法》第 43 条）
17. 年老；疾病；劳动能力。（《宪法》第 45 条）
18. 保险；救济；医疗卫生。（《宪法》第 45 条）
19. 烈士；军人。（《宪法》第 45 条）
20. 劳动；生活；教育。（《宪法》第 45 条）
21. 品德；智力；体质。（《宪法》第 45 条）
22. 科学研究；文学艺术。（《宪法》第 47 条）
23. 社会；家庭。（《宪法》第 48 条）
24. 同工同酬；妇女。（《宪法》第 48 条）
25. 夫妻。（《宪法》第 49 条）
26. 未成年子女；成年子女。（《宪法》第 49 条）
27. 老人；妇女；儿童。（《宪法》第 49 条）
28. 正当；合法。（《宪法》第 50 条）
29. 自由；权利；自由；权利。（《宪法》第 51 条）
30. 神圣职责；光荣义务。（《宪法》第 55 条）
31. 国家秘密；公共财产。（《宪法》第 53 条）
32. 安全；荣誉；利益。（《宪法》第 54 条）
33. 五星红旗。（《宪法》第 141 条）
34. 义勇军进行曲。（《宪法》第 141 条）
35. 五星；天安门；谷穗；齿轮。（《宪法》第 142 条）
36. 北京。（《宪法》第 143 条）

（五）简答题

1. 答：宗教信仰自由的具体含义是指：

（1）每个公民都有按照自己的意愿信仰宗教的自由，也有不信仰宗教的自由；

（2）有信仰这种宗教的自由，也有信仰那种宗教的自由；

（3）有在同一宗教里信仰这个教派的自由，也有信仰那个教派的自由；

（4）有过去信教而现在不信教的自由，也有过去不信教而现在信教的自由；

（5）有按宗教信仰参加宗教仪式的自由，也有不参加宗教仪式的自由。

2. 答：政治权利是宪法规定的公民的基本权利。它是指公民根据宪法的规定，参加政治生活的行为的可能性。我国公民享有的政治权利十分广泛，具体如下：

（1）选举权和被选举权。宪法规定，中华人民共和国年满 18 周岁的公民，不分民族、种族、性别、职业、家庭出身、宗教信仰、教育程度、财产状况、居住期限，都有选举权和被选举权，但是依法被剥夺政治权利的人除外。

（2）言论、出版、集会、结社、游行、示威自由。

①言论自由。言论自由是发表和宣传自己的思想和观点的自由，但煽动叛乱、分裂祖国、颠覆人民民主专政的言论不属于言论自由。此外，公民不可以以言论自由来侮辱、谩骂他人，侵害他人的权益；也不可以泄露国家机密、商业秘密，公开他人隐私。

②出版自由。出版自由是公民通过出版物表达自己的意见和思想的权利，它是言论自由的一种表现形式。国家对出版物的规范管理和出版自由不相矛盾，规范管理正是为了保证出版自由的正确行使。

③结社自由。它是指公民依法结成某种社会团体，进行社会活动的自由。结社自由不得违反宪法确定的基本原则，不得危害国家的利益、安全和民族团结，不得损害社会公共利益。

④集会、游行、示威的自由，指采用集体或者列队行进的方式，表达某种意愿和要求的自由。为了维持社会安定和正常秩序，要行使此项权利进必须依法提出申请，经主管部门许可，并在服从当局的指引和管理下进行。

公民在行使上述①至④项权利和自由时，必须以《宪法》第 51 条规定的原则为指导。

（3）监督权。宪法规定，中华人民共和国公民对于任何国家机关和国家工作人员，有提出批评和建议的权利；对于任何国家机关和国家工作人员的违法失职行为，有向有关国家机关提出申诉、控告或者检举的权利，但是不得捏造或者歪曲事实进行诬告陷害。

3. 答：我国宪法关于公民基本权利的特点是：

(1) 广泛性。享受权利的主体广泛，宪法确认和保障的公民权利和自由的范围广泛。

(2) 权利和自由的现实性。宪法实事求是地从实际出发确定公民权利的内容，并规定了实现权利的法律保障和物质保障。

(3) 权利和自由的平等性。公民享有权利上一律平等，在守法上、司法上、执法上一律平等。

(4) 权利和义务的一致性。公民享有权利必须履行相应的义务。公民履行宪法规定的义务，必须享受宪法规定的权利。

4. 答：任何公民享有宪法和法律规定的权利，同时必须履行宪法和法律规定的义务。《宪法》规定的公民的基本义务有：(1) 维护国家统一和全国各民族团结；(2) 遵守宪法和法律，保守国家秘密，爱护公共财产，遵守劳动纪律，遵守公共秩序，尊重社会公德；(3) 维护祖国的安全、荣誉和利益；(4) 依照法律服兵役和参加民兵组织；(5) 依照法律纳税；(6) 其他义务。(例如：夫妻双方有实行计划生育的义务；父母有抚养教育未成年子女的义务，成年子女有赡养扶助父母的义务等)

5. 答：人身自由，是指公民的人身不受非法逮捕、拘留、搜查和侵害。根据宪法和法律的规定，在我国任何公民非经人民检察院批准或者决定或者非经人民法院决定，并由公安机关执行，不受逮捕。宪法还规定，禁止非法拘禁或者以其他方法限制、剥夺公民的人身自由，禁止非法搜查公民的身体。

6. 答：社会经济权利是指公民享有经济物质利益方面的权利。这些经济权利是：(1) 公民的劳动权利；(2) 劳动者的休息权；(3) 退休人员的生活保障权；(4) 获得物质帮助权。

7. 答："公民在法律面前一律平等"一般指法律实施上的平等，不包括立法上的平等。主要内容有：

(1) 所有公民平等地享有权利和平等地履行义务，在我国，任何公民都受宪法和法律约束，不允许有超越法律规定的任何特权。

(2) 所有公民在司法上一律平等，即实施法律、执行法律和使用法律上平等。

(3) 法律面前人人平等是指法律赋予公民权利能力上的平等，同等条件下公民具有获得相同权利的资格，并不表示行为能力上的平等。

(4) 平等权是以法律为尺度，不同于平均主义，不主张绝对的均等。

二、民法典

（一）判断题

1. 自然人从出生时起到死亡时止，具有民事权利能力，依法享有民事权利，承担民事义务。(　　)
2. 自然人的出生时间和死亡时间，以户籍登记或者其他有效身份登记记载的时间为准。(　　)
3. 16 周岁以上的自然人为成年人。(　　)
4. 不满 10 周岁的未成年人为无民事行为能力人，由其法定代理人代理实施民事法律行为。(　　)
5. 不能完全辨认自己行为的成年人可以独立实施与其智力、精神健康状况相适应的民事法律行为。(　　)
6. 不能辨认自己行为的成年人，其利害关系人可以向人民法院申请认定该成年人为无民事行为能力人。(　　)
7. 自然人以户籍登记或者其他有效身份登记记载的居所为住所。(　　)
8. 成年子女对父母负有抚养、扶助和保护的义务。(　　)
9. 被监护人的父母担任监护人的，可以通过遗嘱指定监护人。(　　)
10. 依法具有监护资格的人之间应通过诉讼确定监护人。(　　)
11. 对监护人的确定有争议的，由被监护人住所地的居民委员会、村民委员会或者民政部门指定监护人。(　　)
12. 没有依法具有监护资格的人的，监护人可由民政部门担任。(　　)
13. 监护人不履行监护职责或者侵害被监护人合法权益的，应当承担法律责任。(　　)
14. 对被监护人有能力独立处理的事务，监护人不得干涉。(　　)
15. 依法负担被监护人抚养费、赡养费、扶养费的父母、子女、配偶等，被人民法院撤销监护人资格后，应当继续履行负担的义务。(　　)

16. 监护关系终止后，被监护人仍然需要监护的，应当依法另行确定监护人。（　　）
17. 自然人在战争期间下落不明的，下落不明的时间自战争结束之日或者有关机关确定的下落不明之日起计算。（　　）
18. 失踪人的财产由其配偶、成年子女、父母或者其他愿意担任财产代管人的人代管。（　　）
19. 人民法院变更财产代管人的，变更后的财产代管人有权请求原财产代管人及时移交有关财产，但原财产代管人可不报告财产代管情况。（　　）
20. 失踪人重新出现，经本人或者利害关系人申请，人民法院应当撤销失踪宣告。（　　）
21. 自然人下落不明满 2 年，利害关系人可以向人民法院申请宣告该自然人死亡。（　　）
22. 自然人被宣告死亡但是并未死亡的，其在被宣告死亡期间实施的民事法律行为无效。（　　）
23. 死亡宣告被撤销的，婚姻关系自撤销死亡宣告之日起自行恢复。（　　）
24. 被宣告死亡的人在被宣告死亡期间，其子女被他人依法收养的，在死亡宣告被撤销后，可以以未经本人同意为由主张收养行为无效。（　　）
25. 成年子女不能独立生活的，可以要求父母给付抚养费。（　　）
26. 父母再婚的，子女对父母的赡养义务自父母再婚之日起终止。（　　）
27. 不直接抚养非婚生子女的生父或者生母，可以不负担不能独立生活的成年子女的抚养费。（　　）
28. 对亲子关系有异议的，父或者母可以向人民法院提起诉讼，请求确认或者否认亲子关系。（　　）
29. 兄、姐对未成年弟、妹有扶养义务；由兄、姐扶养长大的弟、妹对缺乏生活来源的兄、姐有扶养义务。（　　）
30. 未成年人均可以被收养。（　　）
31. 未成年人的父母均不具备完全民事行为能力的，该未成年人的监护人可以将其送养。（　　）
32. 生父母一方不明的，不能单方送养。（　　）

33. 华侨收养旁系同辈血亲的子女，可以不受无子女或者只有一名子女的限制。(　　)
34. 有配偶者收养子女，应当夫妻共同收养。(　　)
35. 收养应当签订收养协议。(　　)
36. 孤儿或者生父母无力抚养的子女，由生父母的亲属、朋友抚养的，抚养人与被扶养人的关系适用《民法典》婚姻家庭编收养章的规定。(　　)
37. 外国人不可以在中华人民共和国收养子女。(　　)
38. 养子女与生父母以及其他近亲属间的权利义务关系，不因收养关系的成立而消除。(　　)
39. 无效的收养行为自始没有法律约束力。(　　)
40. 养父母与成年养子女关系恶化、无法共同生活的，可以协议解除收养关系。(　　)
41. 收养关系解除后，养子女与生父母以及其他近亲属间的权利义务关系可以不恢复。(　　)
42. 《民法典》继承编调整因继承产生的民事关系。(　　)
43. 国家保护所有民事主体的继承权。(　　)
44. 遗产是自然人死亡时遗留的财产。(　　)
45. 继承权男女平等。(　　)
46. 被继承人的子女先于被继承人死亡的，由被继承人的子女的直系血亲代位继承。(　　)
47. 按照法定继承顺序，同一顺序继承人的继承份额一律均等。(　　)
48. 遗产分割的时间、办法和份额，由继承人协商确定；协商不成的，可以申请仲裁或者向人民法院提起诉讼。(　　)
49. 自书遗嘱由遗嘱人亲自拟定内容，签名，注明年、月、日。(　　)
50. 打印遗嘱的，遗嘱人和见证人需在遗嘱首页和最后一页签名并注明年、月、日。(　　)
51. 只要有两个以上见证人在场见证，遗嘱人即可立口头遗嘱。(　　)
52. 与继承人、受遗赠人有利害关系的人不能成为遗嘱见证人。(　　)
53. 立有数份遗嘱，内容相抵触的，抵触的部分均不发生法律效力。(　　)
54. 继承人不履行遗嘱所附义务的，经利害关系人请求，人民法院可以取消

其接受遗产的权利。(　　)

55. 对遗产管理人有争议的，继承人可以向民政部门申请指定遗产管理人。(　　)

56. 遗产管理人因故意或者重大过失造成继承人损害的，应当承担民事责任。(　　)

57. 继承开始后，继承人中无人知道被继承人死亡的，由被继承人生前住所地的民政部门负责通知。(　　)

58. 继承开始后，继承人于遗产分割前死亡的，该继承人应当继承的遗产转给其他继承人。(　　)

59. 遗嘱继承人丧失继承权的遗产应按法定继承办理。(　　)

60. 遗产分割时，不宜分割的遗产可以采取竞价的方法处理。(　　)

61. 自然人可以与继承人签订遗赠扶养协议。(　　)

62. 无人继承又无人受遗赠的遗产，一律上缴国库，归国家所有。(　　)

63. 遗赠的执行不得妨碍清偿遗赠人依法应当缴纳的税款和债务。(　　)

(二) 单项选择题

1. 自然人的(　　)一律平等。

A. 民事能力　　B. 民事权利能力

C. 民事义务　　D. 民事行为能力

2. 自然人的出生时间，以(　　)为准。

A. 出生证明记载的时间　　B. 户籍登记的时间

C. 身份证登记的时间　　D. 经过公证的出生时间

3. 涉及遗产继承、接受赠与等胎儿利益保护的，胎儿视为具有(　　)。

A. 民事能力　　B. 民事权利能力

C. 民事义务　　D. 民事行为能力

4. 不满(　　)周岁的自然人为未成年人。

A. 17　　B. 18

C. 19　　D. 20

5. (　　)周岁以上的未成年人，以自己的劳动收入为主要生活来源的，视为完全民事行为能力人。

A. 14
B. 15
C. 16
D. 17

6. 不能(　　)自己行为的成年人为无民事行为能力人，由其法定代理人代理实施民事法律行为。

A. 辨认
B. 判断
C. 确定
D. 控制

7. 不能辨认自己行为的成年人，其利害关系人可以向(　　)申请认定该成年人为无民事行为能力人。

A. 人民检察院
B. 民政部门
C. 人民法院
D. 公安机关

8. 被监护人的(　　)担任监护人的，可以通过遗嘱指定监护人。

A. 祖父母
B. 父母
C. 子女
D. 兄、姐

9. 被监护人的父母担任监护人的，可以通过(　　)指定监护人。

A. 合同
B. 协议
C. 公证
D. 遗嘱

10. 人民法院应当尊重被监护人的真实意愿，按照(　　)的原则在依法具有监护资格的人中指定监护人。

A. 权利义务对等
B. 遵守法律法规
C. 最有利于被监护人
D. 尊重被监护人意愿

11. 有关当事人对被监护人住所地的居民委员会指定监护不服的，可以向(　　)申请指定监护人。

A. 人民检察院
B. 民政部门
C. 人民法院
D. 人民政府

12. 具有完全民事行为能力的成年人，可以与其近亲属、其他愿意担任监护人的个人或者组织事先协商，以(　　)形式确定自己的监护人。

A. 书面
B. 口头
C. 书面或者口头
D. 公证

13. 依法负担被监护人抚养费、赡养费、扶养费的父母、子女、配偶等，被人民法院撤销监护人资格后，(　　)履行负担的义务。

A. 中止　　B. 可以继续

C. 应当继续　　D. 终止

14. 被监护人的父母或者子女被人民法院撤销监护人资格后，除对被监护人实施故意犯罪的外，确有悔改表现的，经其申请，人民法院可以在尊重被监护人真实意愿的前提下，视情况恢复其监护人资格，人民法院指定的监护人与被监护人的监护关系(　　)。

A. 同时中止　　B. 同时终止

C. 应当继续　　D. 可以继续

15. 自然人下落不明满(　　)年的，利害关系人可以向人民法院申请宣告该自然人为失踪人。

A. 1　　B. 2

C. 3　　D. 4

16. 财产代管人应当妥善(　　)失踪人的财产，维护其财产权益。

A. 管理　　B. 保管

C. 使用　　D. 处分

17. 财产代管人有正当理由的，可以向(　　)申请变更财产代管人。

A. 人民法院　　B. 人民检察院

C. 公安机关　　D. 民政部门

18. 因意外事件下落不明，经有关机关证明该自然人不可能生存的，申请宣告死亡不受(　　)时间的限制。

A. 2 年　　B. 3 年

C. 4 年　　D. 5 年

19. 自然人被宣告死亡但是并未死亡的，其在被宣告死亡期间实施的民事法律行为(　　)。

A. 有效　　B. 待定

C. 可追认　　D. 无效

20. 被宣告死亡的人重新出现，经本人或者利害关系人申请，人民法院应当(　　)。

A. 裁定死亡宣告无效　　B. 决定死亡宣告无效

C. 判决死亡宣告无效　　D. 撤销死亡宣告

21. 死亡宣告被撤销的，婚姻关系自撤销死亡宣告之日起自行恢复。但是，其配偶再婚或者向(　　)书面声明不愿意恢复的除外。

A. 人民法院　　B. 县级人民政府

C. 婚姻登记机关　　D. 公安机关

22. 利害关系人隐瞒真实情况，致使他人被宣告死亡而取得其财产的，除应当返还财产外，还应当对由此造成的损失承担(　　)。

A. 民事责任　　B. 刑事责任

C. 行政责任　　D. 赔偿责任

23. 自然人从事工商业经营，经依法(　　)，为个体工商户。

A. 批准　　B. 核准

C. 登记　　D. 特许

24. 个体工商户(　　)起字号。

A. 可以　　B. 必须

C. 应当　　D. 不需要

25. 农村集体经济组织的成员，依法取得(　　)，从事家庭承包经营的，为农村承包经营户。

A. 农村土地承包经营权　　B. 农村土地经营权

C. 农村土地使用权　　D. 农村土地承包权

26. 关于夫妻之间的家事代理，表述错误的是：(　　)

A. 夫妻一方因家庭日常生活需要而实施的民事法律行为，原则上对夫妻双方发生效力

B. 夫妻一方因家庭日常生活需要而实施的民事法律行为，夫妻一方与相对人另有约定，按照约定

C. 夫妻之间对一方可以实施的民事法律行为范围的限制，不得对抗善意相对人

D. 夫妻之间对一方可以实施的民事法律行为范围的限制，不得对抗相对人

27. 下列财产中，属于夫妻共同财产的是哪一项？(　　)

A. 婚后双方的工资收入

B. 婚前男方全款购买的婚房

C. 婚前各方名下的存款

D. 婚后接受的赠与，且该赠与明确只归属于男方

28. 在婚姻关系存续期间，下列哪一债务不属于夫妻共同债务？（　　）

A. 夫妻一方以个人名义为家庭日常生活需要所负的债务

B. 夫妻一方以个人名义超出家庭日常生活需要所负的债务

C. 夫妻一方以个人名义超出家庭日常生活需要所负的债务，但债权人能证明该债务用于夫妻共同生活

D. 基于夫妻共同意思表示，夫妻一方以个人名义超出家庭日常生活需要所负的债务

29. 婚姻关系存续期间，在下列哪一情况下，夫妻一方不能向人民法院请求分割共同财产？（　　）

A. 一方隐藏夫妻共同财产

B. 一方毁损夫妻共同财产

C. 一方伪造夫妻共同债务

D. 一方朋友患有重大疾病，另一方不同意支付医疗费用

30. 关于父母与子女的关系，下列哪一说法是正确的？（　　）

A. 子女成年后，父母依然有教育、保护子女的权利和义务

B. 成年子女故意造成他人损害的，父母应当依法承担民事责任

C. 未成年子女造成他人损害的，父母应当依法承担责任

D. 未成年子女造成他人损害的，父母可以不承担责任

31. 关于父母与子女之间的继承关系，下列哪一说法是正确的？（　　）

A. 父母可以继承子女的遗产

B. 父母不可以继承子女的遗产

C. 继子女可以继承继父母的遗产

D. 继父母可以继承继子女遗产

32. 关于继父母与继子女的关系，下列哪一说法是正确的？（　　）

A. 继父母与继子女之间，不得虐待或者歧视

B. 继父或继母没有义务抚养未成年的继子女

C. 继子女无权继承继父或继母的遗产

D. 没有独立生活能力的成年继子女，无权要求继父或继母给付抚养费

33. 关于祖父母、外祖父母对孙子女、外孙子女之间的抚养义务，下列哪一说法是正确的？（　　）

A. 祖父母对孙子女有抚养义务

B. 有负担能力的外祖父母对外孙子女有抚养义务

C. 祖父母对于父母已经死亡未成年孙子女有抚养的义务

D. 有负担能力的外祖父母，对于父母无力抚养的未成年外孙子女，有抚养的义务

34. 下列哪一个人或组织可以作送养人？（　　）

A. 医疗机构　　B. 儿童福利机构

C. 孤儿的近亲属　　D. 生父母

35. 下列关于监护人送养孤儿的表述，哪一项是正确的？（　　）

A. 送养孤儿应当征得其本人同意

B. 送养孤儿应当及时通知有抚养义务的人

C. 监护人不愿意继续履行监护职责的，应当另行确定监护人

D. 送养孤儿应当征得其近亲属的同意

36. 收养人应当具备的条件不包括：（　　）

A. 无子女或只有一名子女

B. 有抚养、教育和保护被收养人的能力

C. 未患有在医学上认为不应当收养子女的疾病

D. 年满 40 周岁

37. 下列关于收养子女数量的说法，哪一项是正确的？（　　）

A. 无子女的收养人只能收养一名子女

B. 有子女的收养人不能收养子女

C. 无子女的收养人可以收养两名子女

D. 有子女的收养人可以收养不超过两名子女

38. 无配偶者收养异性子女的，收养人与被收养人的年龄应当相差（　　）周岁以上。

A. 10　　B. 20

C. 30　　D. 40

39. 下列关于收养自愿原则的表述，哪一项是正确的？（　　）

A. 收养应当收养人与被收养人双方自愿
B. 收养6周岁的未成年人的，应当征得其同意
C. 收养8周岁以上的未成年人的，应当征得其同意
D. 收养未成年人的，无需征得其同意

40. 下列关于收养的说法中，哪一项是正确的？（　　）
A. 收养关系成立后，民政部门应当为被收养人办理户口登记
B. 孤儿或者生父母无力抚养的子女，可以由生父母的亲属、朋友抚养
C. 由生父母的亲属、朋友抚养的，抚养人与被抚养人的关系适用民法关于收养的规定
D. 配偶一方死亡，另一方送养未成年子女的，双方父母有优先抚养的权利

41. 配偶一方死亡，另一方送养未成年子女，下列表述正确的是：（　　）
A. 送养应征得双方父母同意
B. 送养应征得死亡一方父母同意
C. 双方父母平等享有抚养的权利
D. 死亡一方父母有优先抚养的权利

42. 关于养子女的姓氏，下列哪一说法是错误的？（　　）
A. 养子女可以随养父的姓氏
B. 养子女可以自己决定保留原姓氏，无需与养父母协商
C. 养子女可以随养母的姓氏
D. 经当事人协商一致，养子女可以保留原姓氏

43. 关于收养关系的解除，下列哪一说法是正确的？（　　）
A. 解除收养关系应当征得养子女的同意
B. 收养人在被收养人成年以前，一律不得解除收养关系
C. 送养人有权随时要求解除养父母与养子女的收养关系
D. 送养人、收养人不能达成解除收养关系协议的，可以向人民法院提起诉讼

44. 关于解除收养关系的程序，以下表述错误的是：（　　）
A. 当事人协议解除收养关系的，应当到民政部门办理解除收养关系登记
B. 当事人协议解除收养关系的，应当到公安机关办理解除收养关系登记
C. 送养人、收养人不能达成解除收养关系协议的，可以向人民法院提起

诉讼

D. 养父母与成年养子女不能达成解除收养关系协议的，可以向人民法院提起诉讼

45. 收养关系解除后，关于养子女与养父母的关系，下列哪一说法是正确的？（　　）

A. 收养关系解除后，成年养子女无需给付养父母生活费

B. 收养关系解除后，成年养子女仍应当给付养父母生活费

C. 因养子女成年后虐待、遗弃养父母而解除收养关系的，养父母可以要求养子女补偿收养期间支出的抚养费

D. 生父母要求解除收养关系的，养父母不能主张生父母对其进行补偿

46. 以下关于继承和继承权的表述，错误的是：（　　）

A. 国家保护所有民事主体的继承权

B. 继承从被继承人死亡时开始

C. 继承人故意杀害被继承人的，丧失继承权

D. 受遗赠人伪造遗嘱情节严重的，丧失受遗赠权

47. 以下关于遗产的表述，正确的是：（　　）

A. 遗产是自然人遗留的财产

B. 只有个人合法财产才能作为遗产

C. 法律、行政法规规定不得继承的遗产，不得继承

D. 根据性质不得继承的遗产，不得继承

48. 关于继承开始后继承和遗赠的接受和放弃，以下表述正确的是：（　　）

A. 继承人接受继承的，应当在遗产处理前作出接受继承的表示；没有表示的，视为放弃继承

B. 继承人放弃继承的，应当在遗产处理前作出放弃继承的表示；没有表示的，视为接受继承

C. 受遗赠人应当在知道受遗赠后 60 日内，作出接受或者放弃受遗赠的表示；到期没有表示的，视为接受遗赠

D. 受遗赠人应当在知道受遗赠后 60 日内，作出接受或者放弃受遗赠的表示；到期没有表示的，视为放弃受遗赠

49. 关于继承，以下哪个表述是正确的？（　　）

A. 继承权男女平等

B. 同一顺序继承人继承遗产的份额应当均等

C. 第一顺序继承人部分缺位的，可以第二顺序继承人继承

D. 继承开始后，由第一顺序继承人和第二顺序继承人按比例继承

50. 关于代位继承，以下表述正确的是：（　　）

A. 被继承人的子女先于被继承人死亡的，由被继承人的子女的直系血亲代位继承

B. 被继承人的兄弟姐妹先于被继承人死亡的，由被继承人的兄弟姐妹的子女代位继承

C. 代位继承人继承的遗产份额以被代位继承人有权继承的遗产份额为限

D. 代位继承既可适用于法定继承，又可适用于遗嘱继承和遗赠

51. 关于法定继承中遗产的分配规则，以下表述正确的是：（　　）

A. 同一顺序继承人继承遗产的份额，应当一律均等

B. 对生活有特殊困难的继承人，分配遗产时，应当予以照顾

C. 与被继承人共同生活的继承人，分配遗产时，应当多分

D. 继承人协商同意的，继承遗产的份额也可以不均等

52. 关于遗产分割的时间、办法和份额的确定，以下表述错误的是：（　　）

A. 可以由继承人协商确定

B. 可以由人民调解委员会调解

C. 可以向仲裁机构申请仲裁

D. 可以向人民法院提起诉讼

53. 自书遗嘱中可以不包括的事项是：（　　）

A. 遗嘱人亲笔书写内容　　B. 遗嘱人签名

C. 遗嘱人按手印　　D. 遗嘱人注明年、月、日

54. 打印遗嘱时，以下哪个选项不是必备条件？（　　）

A. 遗嘱人和两位以上见证人在场见证

B. 遗嘱人和见证人在每一页签名

C. 情况危急

D. 注明年、月、日

55. 关于口头遗嘱，以下表述错误的是：（　　）

A. 在危急情况下订立

B. 应当有 3 个以上见证人在场见证

C. 危急情况消除后，遗嘱人能够以书面形式立遗嘱的，所立的口头遗嘱无效

D. 危急情况消除后，遗嘱人能够以录音录像形式立遗嘱的，所立的口头遗嘱无效

56. 以下可以作为遗嘱见证人的是：(　　)

A. 受遗赠人　　B. 限制民事行为能力人

C. 继承人　　D. 遗嘱人的邻居

57. 关于遗嘱的撤回、变更及其效力，以下表述正确的是：(　　)

A. 遗嘱人可以撤回遗嘱

B. 遗嘱人可以立数份遗嘱

C. 遗嘱人不得实施与遗嘱内容相反的民事法律行为

D. 遗嘱人可以变更遗嘱

58. 关于附义务的遗嘱继承或者遗赠，以下表述正确的是：(　　)

A. 遗嘱继承可以附义务

B. 遗赠不得附义务

C. 遗嘱继承附有义务的，继承人应当履行义务

D. 继承人没有正当理由不履行义务的，经利害关系人请求，人民法院可以取消其接受附义务部分遗产的权利

59. 对遗产管理人的确定有争议的，利害关系人可以向(　　)申请指定遗产管理人。

A. 人民法院

B. 遗嘱人所在地居民委员会

C. 人民调解委员会

D. 仲裁机构

60. 遗产管理人因故意或重大过失对(　　)造成损害的，要承担民事责任。

A. 继承人

B. 受遗赠人

C. 与继承人、受遗赠人有利害关系的人

D. 债权人

61. 继承开始后，有义务向继承人通知被继承人死亡的消息的主体不包括：(　　)

A. 知道被继承人死亡的继承人

B. 被继承人生前所在单位

C. 被继承人生前住所地的民政部门

D. 被继承人生前住所地的村民委员会

62. 关于转继承，以下表述正确的是：(　　)

A. 前提是继承开始后，继承人于遗产分割前死亡

B. 继承人没有放弃继承

C. 死亡继承人应当继承的遗产转给其继承人

D. 遗嘱中对转继承进行安排的，该项安排无效

63. 对于遗嘱继承，以下不属于遗产有关部分按照法定继承办理的情形的是：(　　)

A. 遗嘱继承人放弃继承

B. 遗嘱继承人先于遗嘱人死亡

C. 继承开始后，继承人于遗产分割前死亡，且未放弃继承

D. 遗赠人放弃接受遗赠

64. 不宜分割的财产，不可采用(　　)方式处理。

A. 折价　　B. 竞价拍卖

C. 共有　　D. 适当补偿

65. 关于遗赠扶养协议，以下表述错误的是：(　　)

A. 遗赠扶养协议的扶养人应该在法定继承人顺序范围内选取

B. 遗赠扶养协议的扶养人承担生养死葬的义务

C. 遗赠扶养协议的扶养人享有接受遗赠的权利

D. 同时存在有效的遗嘱、遗赠扶养协议的，优先按照遗赠扶养协议办理

66. 关于无人继承又无人受遗赠遗产，以下表述正确的是：(　　)

A. 一律归国家所有　　B. 用于公益事业

C. 用于社会事业　　D. 用于公共事业

67. 关于继承、遗赠与纳税、清偿债务的关系，以下表述正确的是：(　　)
   A. 继承人接受继承的，应当负责清偿被继承人依法应当缴纳的全部税款和债务
   B. 继承人放弃继承的，不影响其对被继承人依法应当缴纳的税款和债务的清偿责任
   C. 执行遗赠不得妨碍清偿遗赠人依法应当缴纳的税款和债务
   D. 继承人对其超过所得遗产实际价值部分所作的清偿，有权要求返还

(三) 多项选择题

1. 下列关于自然人的民事权利能力的说法正确的是：(　　)
   A. 自然人的民事权利能力一律平等
   B. 自然人从出生时起到死亡时止，具有民事权利能力
   C. 涉及遗产继承、接受赠与等胎儿利益保护的，胎儿视为具有民事权利能力
   D. 胎儿娩出时为死体的，其民事权利能力自始不存在
2. 下列可以证明自然人出生时间的有：(　　)
   A. 出生证明记载的时间　　B. 户籍登记的时间
   C. 身份证登记的时间　　D. 军人身份证件登记的时间
3. 涉及(　　)等胎儿利益保护的，胎儿视为具有民事权利能力。
   A. 遗产继承　　B. 接受赠与
   C. 人格权利　　D. 名誉权利
4. 8 周岁以上的未成年人可以独立实施的民事法律行为有：(　　)
   A. 纯获利益的民事法律行为
   B. 与其年龄相适应的民事法律行为
   C. 与其智力相适应的民事法律行为
   D. 与其精神健康状况相适应的民事法律行为
5. 不能完全辨认自己行为的成年人可以独立实施的民事法律行为有：(　　)
   A. 纯获利益的民事法律行为
   B. 与其年龄相适应的民事法律行为
   C. 与其智力相适应的民事法律行为

D. 与其精神健康状况相适应的民事法律行为

6. 下列关于法定代理人的说法正确的有：（　　）

A. 不满 10 周岁的未成年人由其法定代理人代理实施民事法律行为

B. 无民事行为能力人的监护人是其法定代理人

C. 限制民事行为能力人的监护人是其法定代理人

D. 不能辨认自己行为的成年人由其法定代理人代理实施民事法律行为

7. 被人民法院认定为无民事行为能力人的，经（　　）申请，人民法院可以根据其智力、精神健康恢复的状况，认定该成年人恢复为完全民事行为能力人。

A. 本人　　B. 利害关系人

C. 民政部门　　D. 残疾人联合会

8. 以下关于自然人住所地的表述，正确的是：（　　）

A. 自然人以户籍登记的居所为住所

B. 自然人以其不动产权证书登记载明的居所为住所

C. 自然人以其他有效身份登记记载的居所为住所

D. 经常居所与住所不一致的，经常居所视为住所

9. 未成年人的父母已经死亡的，下列有监护能力的人可以担任监护人的有：（　　）

A. 祖父母

B. 外祖父母

C. 兄、姐

D. 经未成年人住所地的民政部门同意且愿意担任监护人的亲朋好友

10. 未成年人的父母已经死亡的，有监护能力并愿意担任监护人的组织，经未成年人住所地的（　　）同意，可以担任监护人。

A. 居民委员会　　B. 未成年人保护组织

C. 村民委员会　　D. 民政部门

11. 下列有监护能力的人可以担任限制民事行为能力的成年人的监护人的有：（　　）

A. 配偶　　B. 父母

C. 子女　　D. 兄、姐

12. 指定监护人前，被监护人的人身权利、财产权利以及其他合法权益处于无人保护状态的，由被监护人住所地的(　　)担任临时监护人。

A. 居民委员会　　B. 村民委员会

C. 民政部门　　D. 法律规定的有关组织

13. 监护人的职责有：(　　)

A. 代理被监护人实施民事法律行为

B. 保护被监护人的人身权利

C. 保护被监护人的财产权利

D. 保护被监护人的合法权益

14. 未成年人的监护人在作出与被监护人利益有关的决定时，应当根据被监护人的(　　)，尊重被监护人的真实意愿。

A. 精神健康状况　　B. 年龄

C. 身体健康状况　　D. 智力状况

15. 成年人的监护人应当保障并协助被监护人实施与其(　　)相适应的民事法律行为

A. 精神健康状况　　B. 年龄

C. 身体健康状况　　D. 智力状况

16. 监护人有下列哪些行为的，人民法院根据有关组织的申请，撤销其监护人资格，安排必要的临时监护措施，并按照最有利于被监护人的原则依法指定监护？(　　)

A. 实施严重损害被监护人身心健康的行为

B. 无法履行监护职责并且拒绝将监护职责部分或者全部委托给他人，导致被监护人处于危困状态

C. 怠于履行监护职责，导致被监护人处于危困状态

D. 实施侵害被监护人合法权益的行为

17. 下列可导致监护关系终止的情形有：(　　)

A. 被监护人取得或者恢复完全民事行为能力

B. 监护人丧失监护能力

C. 被监护人死亡

D. 监护人死亡

18. 自然人在战争期间下落不明的，下落不明的时间自(　　)之日起计算。

A. 利害关系人确定的下落不明　　B. 失去音讯

C. 战争结束　　D. 有关机关确定的下落不明

19. 失踪人的财产由(　　)代管。

A. 其配偶　　B. 其成年子女

C. 其父母　　D. 其他愿意担任财产代管人的人

20. 财产代管人因(　　)造成失踪人财产损失的，应当承担赔偿责任。

A. 过失　　B. 故意

C. 重大过失　　D. 意外

21. 财产代管人(　　)，失踪人的利害关系人可以向人民法院申请变更财产代管人。

A. 因意外造成失踪人财产损失　　B. 不履行代管职责

C. 侵害失踪人财产权益　　D. 丧失代管能力

22. 失踪人重新出现，经(　　)申请，人民法院应当撤销失踪宣告。

A. 民政部门　　B. 基层人民政府

C. 本人　　D. 利害关系人

23. 被宣告死亡的人重新出现，经(　　)申请，人民法院应当撤销死亡宣告。

A. 民政部门　　B. 基层人民政府

C. 本人　　D. 利害关系人

24. 下列关于个体工商户的说法正确的是：(　　)

A. 自然人从事工商业经营，经依法登记，为个体工商户

B. 个体工商户应当起字号

C. 个体工商户的债务，以家庭财产承担

D. 个体工商户的债务，个人经营的，以个人财产承担

25. 下列关于农村承包经营户的说法正确的是：(　　)

A. 农村集体经济组织的成员，依法取得农村土地承包经营权，从事家庭承包经营的，为农村承包经营户

B. 农村集体经济组织的成员，依法取得农村土地使用权，从事家庭承包经营的，为农村承包经营户

C. 农村承包经营户的债务，以从事农村土地承包经营的农户财产承担

D. 农村承包经营户的债务，事实上由农户部分成员经营的，以该部分成员的财产承担

26. 关于夫妻在婚姻家庭关系中的地位，下列哪些说法是正确的？（　　）

A. 夫妻双方平等享有对未成年子女抚养、教育和保护的权利

B. 夫妻在家庭中地位平等

C. 夫妻双方都有参加生产、工作、学习和社会活动的自由

D. 夫妻双方都有各自使用自己姓名的权利

27. 小吴在一次外出时不幸遇难，留下财产若干。下列哪些人有权继承小吴的遗产？（　　）

A. 小吴的父亲　　B. 小吴的母亲

C. 小吴的妻子　　D. 小吴的儿子

28. 下列哪些财产属于夫妻一方的个人财产？（　　）

A. 一方的婚前财产

B. 一方因受到人身损害获得的赔偿金、补偿金

C. 遗嘱中确定只归一方的财产

D. 双方共用的生活用品

29. 下列关于夫妻财产的约定，哪些选项符合法律规定？（　　）

A. 工资收入归夫妻共同所有

B. 股票投资所得收益归投资一方所有

C. 婚后一方所负个人债务，由该方以个人财产清偿

D. 婚前一方购买的房屋归夫妻共同所有

30. 下列关于父母与子女关系的说法，哪些是正确的？（　　）

A. 未成年子女可以要求父母给付抚养费

B. 成年子女不能独立生活的，可以要求父母给付抚养费

C. 生活困难的父母可以要求成年子女给付赡养费

D. 缺乏劳动能力的父母可以要求成年子女给付赡养费

31. 子女应当尊重父母的婚姻权利，不得从事下列哪些行为？（　　）

A. 干涉父母再婚

B. 阻挠父母离婚

C. 搅乱父母再婚后的正常生活

D. 让父母自由选择再婚对象

32. 下列关于遗产继承的说法，哪些是正确的？（　　）

A. 父母和子女有相互继承遗产的权利

B. 夫妻有相互继承遗产的权利

C. 妻子无权继承丈夫的遗产

D. 父母无权继承子女的遗产

33. 关于婚生子女和非婚生子女，下列哪些说法是正确的？（　　）

A. 父母只对其婚生子女负有教育、保护义务

B. 非婚生子女享有与婚生子女同等的权利

C. 不直接抚养非婚生子女的生父或生母，无需负担非婚生子女的抚养费

D. 不直接抚养非婚生子女的生父或者生母，应当负担未成年子女或者不能独立生活的成年子女的抚养费

34. 关于确认亲子关系，以下表述哪些是错误的？（　　）

A. 对亲子关系有异议且有正当理由的，母亲可以向人民法院提起诉讼，请求确认亲子关系

B. 对亲子关系有异议的，父亲可以向人民法院提起诉讼，请求否认亲子关系

C. 对亲子关系有异议的，子女可以向人民法院提起诉讼，请求确认亲子关系

D. 对亲子关系有异议且有正当理由的，成年子女可以向人民法院提起诉讼，请求否认亲子关系

35. 关于兄弟姐妹之间的扶养义务，下列哪些说法是正确的？（　　）

A. 兄、姐对未成年弟、妹有扶养的义务

B. 有负担能力的兄、姐，对于父母已经死亡或者父母无力抚养的未成年弟、妹，有扶养的义务

C. 弟、妹对兄、姐有扶养的义务

D. 由兄、姐扶养长大的有负担能力的弟、妹，对于缺乏劳动能力又缺乏生活来源的兄、姐，有扶养的义务

36. 下列哪些人可以作被收养人？（　　）

A. 丧失父母的孤儿

B. 查找不到生父母的未成年人

C. 生父母有特殊困难无力抚养的子女

D. 生父母因经济困难无力抚养的子女

37. 未成年人的监护人的送养，需同时满足下列哪些条件？（　　）

A. 未成年人的父亲不具备完全民事行为能力

B. 未成年人的母亲不具备完全民事行为能力

C. 未成年人的父母可能严重危害该未成年人

D. 未成年人的父母可能危害该未成年人

38. 关于生父母的送养方式，以下表述正确的是：（　　）

A. 应当双方共同送养

B. 生父母一方不明的，可以单方送养

C. 生父母一方查找不到的，可以单方送养

D. 生父母一方不明或者查找不到的，对方不得送养

39. 华侨收养三代以内旁系同辈血亲的子女，可以不受下列哪些的限制？（　　）

A. 生父母有特殊困难无力抚养子女

B. 无配偶者收养异性子女的，收养人与被收养人的年龄应当相差 40 周岁以上

C. 无子女或者只有一名子女

D. 年满 30 周岁

40. 下列关于收养子女的说法，正确的是：（　　）

A. 无配偶者收养子女的，收养人与被收养人的年龄应当相差 40 周岁以上

B. 无配偶者收养异性子女的，收养人与被收养人的年龄应当相差 40 周岁以上

C. 有配偶者收养子女，应当夫妻共同收养

D. 有子女的收养人只能收养一名子女

41. 继父或者继母收养继子女，可以不受下列哪些限制？（　　）

A. 生父母有特殊困难无力抚养子女

B. 无子女或者只有一名子女

C. 有子女的收养人只能收养一名子女

D. 无子女的收养人可以收养两名子女

42. 下列关于收养的说法，正确的有：（　　）

A. 收养关系自登记之日起成立
B. 收养关系当事人愿意签订收养协议的，可以签订收养协议
C. 收养关系当事人各方或者一方要求办理收养公证的，应当办理收养公证
D. 县级以上人民政府民政部门应当依法进行收养评估

43. 关于收养，下列哪些说法是正确的？（　　）
A. 收养关系成立后，公安机关应当为被收养人办理户口登记
B. 收养关系成立后，民政部门应当为被收养人办理户口登记
C. 孤儿可以由生父母的亲属、朋友抚养
D. 生父母无力抚养的子女，可以由生父母的亲属、朋友抚养

44. 关于外国人在中华人民共和国收养子女，下列哪些说法是正确的？（　　）
A. 收养人愿意的，可以与送养人签订书面协议
B. 收养人与送养人应当签订书面协议，并亲自向省、自治区、直辖市人民政府民政部门登记
C. 收养人应当提供由其所在国有权机构出具的有关其年龄、婚姻、职业、财产、健康、有无受过刑事处罚等状况的证明材料
D. 收养人提供的证明材料应当经收养人所在国外交机关或者外交机关授权的机构认证，并经中华人民共和国驻该国使领馆认证，但是国家另有规定的除外

45. 关于养父母与养子女的关系，下列说法正确的是：（　　）
A. 养子女与生父母的权利义务关系，因收养关系的成立而消除
B. 自收养关系成立之日起，养父母与养子女间的权利义务关系，适用《民法典》关于父母子女关系的规定
C. 养子女与养父母的近亲属间的权利义务关系，适用《民法典》关于子女与父母的近亲属关系的规定
D. 养子女与其他近亲属间的权利义务关系，因收养关系的成立而消除

46. 关于收养的说法，下列哪些是正确的？（　　）
A. 无效的收养行为自始没有法律约束力
B. 收养 8 周岁以上未成年人的，应当征得被收养人的同意
C. 禁止借收养名义买卖未成年人

D. 养子女不能保留原姓氏

47. 关于收养关系的解除，下列哪些说法是正确的？（　　）

A. 养子女成年后，自动解除其与养父母的收养关系

B. 养父母与成年养子女关系恶化、无法共同生活的，可以协议解除收养关系

C. 送养人与收养人之间，或者养父母与成年养子女之间不能达成解除收养关系的协议的，可以向人民法院提起诉讼

D. 收养人在被收养人成年以前，不得解除收养关系，但是收养人、送养人双方协议解除的除外

48. 关于收养解除的效力，下列哪些说法是正确的？（　　）

A. 养子女与养父母以及其他近亲属间的权利义务关系即行消除

B. 养子女与生父母以及其他近亲属间的权利义务关系自行恢复

C. 成年养子女与生父母以及其他近亲属间的权利义务关系不能恢复

D. 成年养子女与生父母以及其他近亲属间的权利义务关系是否恢复，可以协商确定

49. 继承开始后，关于如何办理具体继承事宜，以下表述正确的是：（　　）

A. 有遗赠扶养协议的，按照协议办理

B. 法定继承优先

C. 遗嘱继承优先

D. 继承人在遗产处理前没有表示放弃继承的，视为接受继承

50. 关于继承权和受遗赠权的丧失，以下表述正确的是：（　　）

A. 继承人故意杀害被继承人的，丧失继承权

B. 受遗赠人销毁遗嘱的，丧失受遗赠权

C. 继承人虐待被继承人情节严重，确有悔改表现，被继承人事后在遗嘱中将其列为继承人的，继承人不丧失继承权

D. 受遗赠人伪造遗嘱情节严重，确有悔改表现，立遗嘱人表示宽恕的，受遗赠人不丧失受遗赠权

51. 关于法定继承人的继承顺序，以下表述正确的是：（　　）

A. 第一顺序：配偶、子女

B. 第二顺序：兄弟姐妹、祖父母、外祖父母

C. 子女包括继子女

D. 兄弟姐妹包括同父异母的兄弟姐妹

52.（　　）对公婆、岳父母尽主要赡养义务的，作为第一顺序继承人。

A. 丧偶儿媳　　B. 已离婚儿媳

C. 丧偶女婿　　D. 已离婚女婿

53. 以下继承人以外的情况的人，可以分给适当的遗产的有：（　　）

A. 依靠被继承人扶养的人

B. 对被继承人扶养较多的人

C. 和被继承人共同居住的人

D. 与被继承人关系亲密的邻居

54. 关于自然人立遗嘱，以下表述正确的是：（　　）

A. 在遗嘱中将个人财产指定法定继承人中的数人继承

B. 在遗嘱中将个人财产指定法定继承人中的一人继承

C. 在遗嘱中将个人财产赠与国家

D. 设立遗嘱信托

55. 以下属于代书遗嘱要求的是：（　　）

A. 两个以上见证人

B. 由遗嘱人、代书人和其他见证人签名

C. 见证人到场见证

D. 由其中一位见证人代书

56. 以下属于录音录像遗嘱条件的是：（　　）

A. 注明年、月、日

B. 两个以上见证人到场见证

C. 继承人到场见证

D. 遗嘱人和见证人在录音录像中记录其姓名或者肖像

57. 关于公证遗嘱，以下表述正确的是：（　　）

A. 应当由遗嘱人亲自办理

B. 应当经公证机构办理

C. 遗嘱人不得撤回公证遗嘱

D. 立有数份遗嘱，内容相抵触的，以公证遗嘱为准

58. 关于遗产特留份，以下表述错误的是：(　　)

A. 遗嘱应当为缺乏劳动能力的继承人保留必要的遗产份额

B. 遗嘱应当为没有生活来源的继承人保留必要的遗产份额

C. 遗嘱应当为缺乏劳动能力又没有生活来源的继承人保留必要的遗产份额

D. 遗嘱应当为缺乏劳动能力又没有生活来源的继承人保留充分的遗产份额

59. 关于遗嘱无效，以下表述正确的是：(　　)

A. 限制民事行为能力人所立的遗嘱无效

B. 受欺诈所立的遗嘱无效

C. 伪造的遗嘱无效

D. 被篡改的遗嘱无效

60. 以下可以成为遗产管理人的有：(　　)

A. 遗嘱执行人　　B. 生前住所地的民政部门

C. 继承人共同承担　　D. 继承人推选的人

61. 遗产管理人应当履行的职责应当包括：(　　)

A. 清理遗产并制作遗产清单

B. 向继承人报告遗产情况

C. 处理被继承人的债权债务

D. 采取必要措施防止遗产毁损、灭失

62. 关于遗产管理人报酬，以下表述正确的是：(　　)

A. 按照遗嘱内容获得　　B. 依照法律规定获得

C. 按照约定获得　　D. 不能获得报酬

63. 关于遗产的保管，以下表述正确的是：(　　)

A. 存有遗产的人，应当妥善保管遗产

B. 任何组织不得侵吞遗产

C. 任何个人不得争抢遗产

D. 存有遗产的人，应当将遗产移交遗产管理人统一保管

64. 夫妻共同所有的财产进行遗产分割时，以下分配方式符合法律规定的有：(　　)

A. 共同所有的财产的全部作为遗产为继承人所继承

B. 先将共同所有的财产的一半分出为配偶所有，其余的为被继承人的遗产

C. 可按已有约定将共同所有的财产的全部作为被继承人的遗产

D. 先将共同所有的财产的全部分出为配偶所有，其余的为被继承人的遗产

65. 关于胎儿的预留份，以下表述正确的是：(　　)

A. 遗产分割时，可以适当保留胎儿的继承份额

B. 遗产分割时，应当保留胎儿的继承份额

C. 胎儿娩出时是死体的，保留的份额按照法定继承办理

D. 胎儿娩出时是死体的，保留的份额由被继承人的继承人继承

66. 关于再婚对所继承财产的处分，以下表述正确的是：(　　)

A. 夫妻一方死亡后另一方再婚的，有权处分所继承的财产

B. 夫妻一方死亡后另一方再婚的，应当返还所继承的财产，返还的财产按法定继承办理

C. 夫妻一方死亡后另一方再婚的，对其所继承财产的处分，任何组织不得干涉

D. 夫妻一方死亡后另一方再婚的，对其所继承财产的处分，任何个人不得干涉

67. 关于分割遗产与清偿税款、债务，以下表述正确的是：(　　)

A. 分割遗产，应当清偿被继承人依法应当缴纳的税款

B. 分割遗产，应当清偿被继承人依法应当偿还的债务

C. 分割遗产，在清偿被继承人的税款前，应当为没有生活来源的继承人保留遗产

D. 分割遗产，在清偿被继承人的债务前，应当为没有生活来源的继承人保留遗产

68. 关于限定继承，以下表述正确的是：(　　)

A. 继承人以所得遗产实际价值为限清偿被继承人依法应当缴纳的税款

B. 被继承人应纳税款超过继承人所得遗产实际价值部分，继承人可以自愿偿还

C. 继承人放弃继承的，对被继承人的债务可以不负清偿责任

D. 继承人放弃继承的，对被继承人的应纳税款承担连带责任

(四) 填空题

1. 自然人从____起到____止，具有____，依法享有____，承担____。
2. 自然人的出生时间，以____记载的时间为准；没有出生证明的，以____或者____记载的时间为准。
3. 涉及____、____等胎儿利益保护的，胎儿视为具有民事权利能力；但是，胎儿娩出时为死体的，其民事权利能力____。
4. 成年人为____，可以独立实施民事法律行为。____周岁以上的，以自己的____为主要生活来源的，____完全民事行为能力人。
5. 8 周岁以上的未成年人为____，实施民事法律行为由其法定代理人____或者经其法定代理人____、____；但是，可以独立实施____的民事法律行为或者与其____的民事法律行为。
6. 不能____自己行为的成年人为无民事行为能力人，由其____代理实施民事法律行为。
7. 无民事行为能力人、限制民事行为能力人的____是其法定代理人。
8. 被人民法院认定为限制民事行为能力人的，经____、____或者有关组织申请，人民法院可以根据其____、____恢复的状况，认定该成年人恢复为完全民事行为能力人。
9. 自然人以____或者____为住所；经常居所与住所不一致的，视____为住所。
10. 父母对____子女负有____、____和保护的义务。____对父母负有____、____和保护的义务。
11. 依法具有____资格的人之间可以____确定监护人。协议确定监护人应当尊重被监护人的____。
12. 没有____具有监护资格的人的，监护人由____担任，也可以由具备履行监护职责条件的被监护人____的____、____担任。
13. 监护人____履行监护职责产生的权利，受____保护。
14. 监护人____或者____的，应当承担法律责任。
15. 监护人应当按照____的原则履行监护职责。监护人除为维护被监护人利益外，____处分被监护人的财产。
16. 依法负担被监护人抚养费、赡养费、扶养费的父母、子女、配偶等，被

____撤销监护人资格后，____履行负担的义务。

17. 被监护人____或者____完全民事行为能力，监护关系终止。
18. 自然人下落不明的时间自其____之日起计算。战争期间下落不明的，下落不明的时间自____之日或者____之日起计算。
19. 财产代管人应当妥善____失踪人的财产，维护其财产权益。
20. 失踪人所欠____、____和应付的其他费用，由财产代管人从失踪人的财产中支付。
21. 财产代管人因____或者____造成失踪人财产损失的，应当承担赔偿责任。
22. 失踪人重新出现，经____或者____申请，人民法院应当____失踪宣告。
23. 失踪人重新出现，有权请求财产代管人____有关财产并____财产代管情况。
24. 自然人有下列情形之一的，利害关系人可以向人民法院申请宣告该自然人死亡：（1）下落不明满____；（2）因意外事件，下落不明满____。
25. 对同一自然人，有的利害关系人申请宣告死亡，有的利害关系人申请宣告失踪，符合本法规定的宣告死亡条件的，人民法院应当____。
26. 被宣告死亡的人，人民法院宣告死亡的____视为其死亡的日期；因意外事件下落不明宣告死亡的，____视为其死亡的日期。
27. 被撤销死亡宣告的人有权请求依照本法第六编取得其财产的民事主体____；无法返还的，应当给予____。
28. 自然人从事____经营，经依法____，为个体工商户。个体工商户____起字号。
29. 农村集体经济组织的成员，依法取得____，从事家庭承包经营的，为农村承包经营户。
30. 个体工商户的债务，个人经营的，以____承担；家庭经营的，以____承担；无法区分的，以____承担。
31. 农村承包经营户的债务，以从事____承担；事实上由农户部分成员经营的，以____承担。
32. 夫妻双方都有____自己姓名的权利。
33. 夫妻双方____对未成年子女抚养、教育和保护的权利，____对未成年子女抚养、教育和保护的义务。

34. 夫妻一方因____而实施的民事法律行为，对夫妻双方发生效力，但是____的除外。夫妻之间对一方可以实施的民事法律行为范围的限制，不得对抗____。

35. 夫妻在婚姻关系存续期间所得的下列财产，为夫妻的共同财产，归夫妻共同所有：（1）____；（2）____；（3）____的收益；（4）继承或者受赠的财产，但是____的除外；（5）其他应当归共同所有的财产。夫妻对共同财产，有____的处理权。

36. 夫妻双方____或者夫妻一方____等共同意思表示所负的债务，以及夫妻一方在婚姻关系存续期间以个人名义为____所负的债务，属于夫妻共同债务。

37. 婚姻关系存续期间，有下列情形之一的，夫妻一方可以向人民法院请求分割____：（1）一方有____夫妻共同财产或者____夫妻共同债务等严重损害夫妻共同财产利益的行为；（2）一方负有____的人患重大疾病需要医治，另一方不同意支付相关医疗费用。

38. 继父母与继子女间，不得____或者____。继父或者继母和受其抚养教育的继子女间的权利义务关系，适用本法关于____的规定。

39. ____的祖父母、外祖父母，对于父母____或者父母____的未成年孙子女、外孙子女，有抚养的义务。

40. 下列个人、组织可以作送养人：（1）孤儿的____；（2）____；（3）有____无力抚养子女的父母。

41. 监护人送养孤儿的，应当征得____同意。

42. 收养人应当同时具备下列条件：（1）____子女或者只有____子女；（2）有抚养、教育和保护被收养人的能力；（3）未患有在医学上认为不应当收养子女的疾病；（4）无____的违法犯罪记录；（5）年满____周岁。

43. 无子女的收养人可以收养____子女；有子女的收养人只能收养____子女。

44. 无配偶者收养____子女的，收养人与被收养人的年龄应当相差____周岁以上。

45. 收养人收养与送养人送养，应当____。收养____周岁以上未成年人的，应当征得____的同意。

46. 收养关系成立后，____应当按照国家有关规定为被收养人办理户口登记。

47. 配偶一方死亡，另一方送养未成年子女的，____有优先抚养的权利。
48. 收养人、送养人要求____收养秘密的，其他人应当尊重其意愿，____泄露。
49. 养子女可以随____或者____的姓氏，经当事人____，也可以保留原姓氏。
50. 收养人在被收养人____，不得解除收养关系，但是收养人、送养人双方____的除外。养子女____周岁以上的，应当征得本人同意。收养人不履行抚养义务，有____等侵害未成年养子女合法权益行为的，送养人有权要求解除养父母与养子女间的收养关系。送养人、收养人不能达成解除收养关系协议的，可以向人民法院____。
51. 当事人协议解除收养关系的，应当到____办理解除收养关系登记。
52. 生父母要求解除收养关系的，养父母可以要求生父母____收养期间支出的抚养费；但是，因养父母____养子女而解除收养关系的除外。
53. 继承从被继承人____时开始。
54. 继承开始后，按照____办理；有____的，按照____或者____办理；有____，按照协议办理。
55. 继承人____杀害被继承人的，丧失继承权。
56. 遗产第一顺序继承人有____、____、____。
57. 丧偶儿媳对公婆，丧偶女婿对岳父母，尽了____的，作为____。
58. 对继承人以外的依靠被继承人扶养的人，或者继承人以外的对被继承人扶养较多的人，____。
59. 自然人可以立遗嘱将个人财产指定由法定继承人中的____继承。
60. 代书遗嘱应当有两个以上见证人在场见证，由其中一人代书，并由____、____和____签名，注明年、月、日。
61. 以录音录像形式立的遗嘱，应当有两个以上见证人在场见证。遗嘱人和见证人应当在录音录像中记录其____，以及年、月、日。
62. 公证遗嘱由遗嘱人经____办理。
63. 遗嘱应当为____的继承人保留必要的遗产份额。
64. 无民事行为能力人或者限制民事行为能力人所立的遗嘱____。
65. 继承开始后，没有遗嘱执行人的，继承人应当____遗产管理人；继承人未推选的，由继承人____遗产管理人。

66. 遗产管理人应当履行向继承人____的职责。
67. 遗产管理人可以____或者____获得报酬。
68. 存有遗产的人，应当妥善保管遗产，任何组织或者个人不得____。
69. 夫妻共同所有的财产，除有约定的外，遗产分割时，应当先将____分出为配偶所有，其余的为被继承人的遗产。
70. 遗产分割时，应当保留胎儿的继承份额。胎儿娩出时是死体的，保留的份额按照____办理。
71. 夫妻一方死亡后另一方再婚的，____，任何组织或者个人不得干涉。
72. 分割遗产，应当清偿被继承人依法应当缴纳的税款和债务；但是，应当为____的继承人保留____遗产。
73. 继承人以所得遗产实际价值为限清偿被继承人依法应当缴纳的____。超过遗产实际价值部分，____的不在此限。
74. 既有法定继承又有遗嘱继承、遗赠的，由____清偿被继承人依法应当缴纳的税款和债务；超过法定继承遗产实际价值部分，由____和____按____以所得遗产清偿。

（五）简答题

1. 简述撤销监护人资格的条件。
2. 简述监护关系终止的情形。
3. 简述申请宣告死亡的情形。
4. 简述被收养人和送养人的范围。
5. 简述收养人办理收养的条件。
6. 简述收养的效力。

参考答案

（一）判断题

1. √，解析：根据《民法典》第 13 条规定。
2. ×，解析：根据《民法典》第 15 条规定，自然人的出生时间和死亡时间，以出生证明、死亡证明记载的时间为准；没有出生证明、死亡证明的，以户籍登记或者其他有效身份登记记载的时间为准。有其他证据足以推翻以上记载时间的，以该证据证明的时间为准。

3. ×，解析：根据《民法典》第 17 条规定，18 周岁以上的自然人为成年人。不满 18 周岁的自然人为未成年人。
4. ×，解析：根据《民法典》第 20 条规定，不满 8 周岁的未成年人为无民事行为能力人，由其法定代理人代理实施民事法律行为。
5. √，解析：根据《民法典》第 22 条规定。
6. √，解析：根据《民法典》第 24 条规定。
7. √，解析：根据《民法典》第 25 条规定。
8. ×，解析：根据《民法典》第 26 条规定，父母对未成年子女负有抚养、教育和保护的义务。成年子女对父母负有赡养、扶助和保护的义务。
9. √，解析：根据《民法典》第 29 条规定。
10. ×，解析：根据《民法典》第 30 条规定，依法具有监护资格的人之间可以协议确定监护人。协议确定监护人应当尊重被监护人的真实意愿。
11. √，解析：根据《民法典》第 31 条规定。
12. √，解析：根据《民法典》第 32 条规定。
13. √，解析：根据《民法典》第 34 条规定。
14. √，解析：根据《民法典》第 35 条规定。
15. √，解析：根据《民法典》第 37 条规定。
16. √，解析：根据《民法典》第 39 条规定。
17. √，解析：根据《民法典》第 41 条规定。
18. √，解析：根据《民法典》第 42 条规定。
19. ×，解析：根据《民法典》第 44 条第 3 款规定，人民法院变更财产代管人的，变更后的财产代管人有权请求原财产代管人及时移交有关财产并报告财产代管情况。
20. √，解析：根据《民法典》第 45 条规定。
21. ×，解析：《民法典》第 46 条规定："自然人有下列情形之一的，利害关系人可以向人民法院申请宣告该自然人死亡：（一）下落不明满四年；（二）因意外事件，下落不明满二年。因意外事件下落不明，经有关机关证明该自然人不可能生存的，申请宣告死亡不受二年时间的限制。"
22. ×，解析：根据《民法典》第 49 条规定，自然人被宣告死亡但是并未死亡的，不影响该自然人在被宣告死亡期间实施的民事法律行为的效力。

23. ×，解析：根据《民法典》第 51 条规定，被宣告死亡的人的婚姻关系，自死亡宣告之日起消除。死亡宣告被撤销的，婚姻关系自撤销死亡宣告之日起自行恢复。但是，其配偶再婚或者向婚姻登记机关书面声明不愿意恢复的除外。
24. ×，解析：根据《民法典》第 52 条规定，被宣告死亡的人在被宣告死亡期间，其子女被他人依法收养的，在死亡宣告被撤销后，不得以未经本人同意为由主张收养行为无效。
25. √，解析：根据《民法典》第 1067 条的规定，父母不履行抚养义务的，未成年子女或者不能独立生活的成年子女，有要求父母给付抚养费的权利。成年子女不履行赡养义务的，缺乏劳动能力或者生活困难的父母，有要求成年子女给付赡养费的权利。
26. ×，解析：根据《民法典》第 1069 条的规定，子女对父母的赡养义务，不因父母的婚姻关系变化而终止。
27. ×，解析：根据《民法典》第 1071 条第 2 款的规定，不直接抚养非婚生子女的生父或者生母，应当负担未成年子女或者不能独立生活的成年子女的抚养费。
28. ×，解析：根据《民法典》第 1073 条第 1 款的规定，对亲子关系有异议且有正当理由的，父或者母可以向人民法院提起诉讼，请求确认或者否认亲子关系。
29. ×，解析：根据《民法典》第 1075 条的规定，有负担能力的兄、姐，对于父母已经死亡或者父母无力抚养的未成年弟、妹，有扶养的义务。由兄、姐扶养长大的有负担能力的弟、妹，对于缺乏劳动能力又缺乏生活来源的兄、姐，有扶养的义务。
30. ×，解析：根据《民法典》第 1093 条的规定，下列未成年人，可以被收养：（1）丧失父母的孤儿；（2）查找不到生父母的未成年人；（3）生父母有特殊困难无力抚养的子女。
31. ×，解析：根据《民法典》第 1095 条的规定，未成年人的父母均不具备完全民事行为能力且可能严重危害该未成年人的，该未成年人的监护人可以将其送养。
32. ×，解析：根据《民法典》第 1097 条的规定，生父母送养子女，应当双方共同送养。生父母一方不明或者查找不到的，可以单方送养。
33. ×，解析：根据《民法典》第 1099 条第 2 款的规定，华侨收养三代以内旁系同辈血亲的子女，还可以不受《民法典》第 1098 条第 1 项（无子女或者只有1名子女）规定的限制。

34. √，解析：根据《民法典》第1101条的规定，有配偶者收养子女，应当夫妻共同收养。

35. ×，解析：根据《民法典》第1105条第3款的规定，收养关系当事人愿意签订收养协议的，可以签订收养协议。

36. ×，解析：根据《民法典》第1107条的规定，孤儿或者生父母无力抚养的子女，可以由生父母的亲属、朋友抚养；抚养人与被抚养人的关系不适用本章规定。

37. ×，解析：根据《民法典》第1109条第1款的规定，外国人依法可以在中华人民共和国收养子女。

38. ×，解析：根据《民法典》第1111条第2款的规定，养子女与生父母以及其他近亲属间的权利义务关系，因收养关系的成立而消除。

39. √，解析：根据《民法典》第1113条第2款的规定，无效的收养行为自始没有法律约束力。

40. √，解析：《民法典》第1115条规定，养父母与成年养子女关系恶化、无法共同生活的，可以协议解除收养关系。不能达成协议的，可以向人民法院提起诉讼。

41. √，解析：《民法典》第1117条规定，收养关系解除后，养子女与养父母以及其他近亲属间的权利义务关系即行消除，与生父母以及其他近亲属间的权利义务关系自行恢复。但是，成年养子女与生父母以及其他近亲属间的权利义务关系是否恢复，可以协商确定。

42. √，解析：根据《民法典》第1119条规定。

43. ×，解析：根据《民法典》第1120条规定，国家保护自然人的继承权。

44. ×，解析：根据《民法典》第1122条规定，遗产是自然人死亡时遗留的个人合法遗产。依照法律规定或者根据其性质不得继承的遗产，不得继承。

45. √，解析：根据《民法典》第1126条规定，继承权男女平等。

46. ×，解析：根据《民法典》第1128条规定，被继承人的子女先于被继承人死亡的，由被继承人的子女的直系晚辈血亲代位继承。被继承人的兄弟姐妹先于被继承人死亡的，由被继承人的兄弟姐妹的子女代位继承。代位继承人一般只能继承被代位继承人有权继承的遗产份额。

47. ×，解析：根据《民法典》第1130条规定，同一顺序继承人继承遗产的份额，一般应当均等。对生活有特殊困难又缺乏劳动能力的继承人，分配遗产时，应当予以照顾。对被继承人尽了主要扶养义务或者与被继承人共同生活的继承人，分配遗产时，可以多分。有扶养能力和有扶养条件的继承人，不尽扶养义务的，分配遗产时，应当不分或者少分。继承人协商同意的，也可以不均等。

48. ×，解析：根据《民法典》第 1132 条规定，继承人应当本着互谅互让、和睦团结的精神，协商处理继承问题。遗产分割的时间、办法和份额，由继承人协商确定；协商不成的，可以由人民调解委员会调解或者向人民法院提起诉讼。

49. ×，解析：根据《民法典》第 1134 条规定，自书遗嘱由遗嘱人亲笔书写，签名，注明年、月、日。

50. ×，解析：根据《民法典》第 1136 条规定，打印遗嘱应当有两个以上见证人在场见证。遗嘱人和见证人应当在遗嘱每一页签名，注明年、月、日。

51. ×，解析：根据《民法典》第 1138 条规定，遗嘱人在危急情况下，可以立口头遗嘱。口头遗嘱应当有两个以上见证人在场见证。危急情况消除后，遗嘱人能够以书面或者录音录像形式立遗嘱的，所立的口头遗嘱无效。

52. √，解析：根据《民法典》第 1140 条规定，下列人员不能作为遗嘱见证人：（1）无民事行为能力人、限制民事行为能力人以及其他不具有见证能力的人；（2）继承人、受遗赠人；（3）与继承人、受遗赠人有利害关系的人。

53. ×，解析：根据《民法典》第 1142 条规定，遗嘱人可以撤回、变更自己所立的遗嘱。立遗嘱后，遗嘱人实施与遗嘱内容相反的民事法律行为的，视为对遗嘱相关内容的撤回。立有数份遗嘱，内容相抵触的，以最后的遗嘱为准。

54. ×，解析：根据《民法典》第 1144 条规定，遗嘱继承或者遗赠附有义务的，继承人或者受遗赠人应当履行义务。没有正当理由不履行义务的，经利害关系人或者有关组织请求，人民法院可以取消其接受附义务部分遗产的权利。

55. ×，解析：根据《民法典》第 1146 条规定，对遗产管理人的确定有争议的，利害关系人可以向人民法院申请指定遗产管理人。

56. √，解析：根据《民法典》第 1148 条规定，遗产管理人应当依法履行职责，因故意或者重大过失造成继承人、受遗赠人、债权人损害的，应当承担民事责任。

57. ×，解析：根据《民法典》第 1150 条规定，继承开始后，知道被继承人死亡的继承人应当及时通知其他继承人和遗嘱执行人。继承人中无人知道被继承人死亡或者知道被继承人死亡而不能通知的，由被继承人生前所在单位或者住所地的居民委员会、村民委员会负责通知。

58. ×，解析：根据《民法典》第 1152 条规定，继承开始后，继承人于遗产分割前死亡，并没有放弃继承的，该继承人应当继承的遗产转给其继承人，但是遗嘱另有安排的除外。
59. √，解析：根据《民法典》第 1154 条规定，有下列情形之一的，遗产中的有关部分按照法定继承办理：（1）遗嘱继承人放弃继承或者受遗赠人放弃受遗赠；（2）遗嘱继承人丧失继承权或者受遗赠人丧失受遗赠权；（3）遗嘱继承人、受遗赠人先于遗嘱人死亡或者终止；（4）遗嘱无效部分所涉及的遗产；（5）遗嘱未处分的遗产。
60. ×，解析：根据《民法典》第 1156 条规定，遗产分割应当有利于生产和生活需要，不损害遗产的效用。不宜分割的遗产，可以采取折价、适当补偿或者共有等方法处理。
61. ×，解析：根据《民法典》第 1158 条规定，自然人可以与继承人以外的组织或者个人签订遗赠扶养协议。按照协议，该组织或者个人承担该自然人生养死葬的义务，享有受遗赠的权利。
62. ×，解析：根据《民法典》第 1160 条规定，无人继承又无人受遗赠的遗产，归国家所有，用于公益事业；死者生前是集体所有制组织成员的，归所在集体所有制组织所有。
63. √，解析：根据《民法典》第 1162 规定，执行遗赠不得妨碍清偿遗赠人依法应当缴纳的税款和债务。

（二）单项选择题

1. B，解析：根据《民法典》第 14 条规定，自然人的民事权利能力一律平等。
2. A，解析：根据《民法典》第 15 条规定，自然人的出生时间和死亡时间，以出生证明、死亡证明记载的时间为准；没有出生证明、死亡证明的，以户籍登记或者其他有效身份登记记载的时间为准。有其他证据足以推翻以上记载时间的，以该证据证明的时间为准。
3. B，解析：根据《民法典》第 16 条规定，涉及遗产继承、接受赠与等胎儿利益保护的，胎儿视为具有民事权利能力；但是，胎儿娩出时为死体的，其民事权利能力自始不存在。
4. B，解析：根据《民法典》第 17 条规定，18 周岁以上的自然人为成年人。不满 18 周岁的自然人为未成年人。
5. C，解析：根据《民法典》第 18 条规定，成年人为完全民事行为能力人，可以独立实施民事法律行为。16 周岁以上的未成年人，以自己的劳动收入为主要生活来源的，视为完全民事行为能力人。

6. A，解析：根据《民法典》第 21 条规定，不能辨认自己行为的成年人为无民事行为能力人，由其法定代理人代理实施民事法律行为。8 周岁以上的未成年人不能辨认自己行为的，适用前款规定。
7. C，解析：根据《民法典》第 24 条第 1 款规定，不能辨认或者不能完全辨认自己行为的成年人，其利害关系人或者有关组织，可以向人民法院申请认定该成年人为无民事行为能力人或者限制民事行为能力人。
8. B，解析：根据《民法典》第 29 条规定，被监护人的父母担任监护人的，可以通过遗嘱指定监护人。
9. D，解析：根据《民法典》第 29 条规定，被监护人的父母担任监护人的，可以通过遗嘱指定监护人。
10. C，解析：根据《民法典》第 31 条第 2 款规定，居民委员会、村民委员会、民政部门或者人民法院应当尊重被监护人的真实意愿，按照最有利于被监护人的原则在依法具有监护资格的人中指定监护人。
11. C，解析：根据《民法典》第 31 条第 1 款规定，对监护人的确定有争议的，由被监护人住所地的居民委员会、村民委员会或者民政部门指定监护人，有关当事人对指定不服的，可以向人民法院申请指定监护人；有关当事人也可以直接向人民法院申请指定监护人。
12. A，解析：根据《民法典》第 33 条规定，具有完全民事行为能力的成年人，可以与其近亲属、其他愿意担任监护人的个人或者组织事先协商，以书面形式确定自己的监护人，在自己丧失或者部分丧失民事行为能力时，由该监护人履行监护职责。
13. C，解析：根据《民法典》第 37 条规定，依法负担被监护人抚养费、赡养费、扶养费的父母、子女、配偶等，被人民法院撤销监护人资格后，应当继续履行负担的义务。
14. B，解析：根据《民法典》第 38 条规定，被监护人的父母或者子女被人民法院撤销监护人资格后，除对被监护人实施故意犯罪的外，确有悔改表现的，经其申请，人民法院可以在尊重被监护人真实意愿的前提下，视情况恢复其监护人资格，人民法院指定的监护人与被监护人的监护关系同时终止。
15. B，解析：根据《民法典》第40 条规定，自然人下落不明满 2 年的，利害关系人可以向人民法院申请宣告该自然人为失踪人。
16. A，解析：根据《民法典》第 43 条第 1 款规定，财产代管人应当妥善管理失踪人的财产，维护其财产权益。

17. A，解析：根据《民法典》第 44 条第 2 款规定，财产代管人有正当理由的，可以向人民法院申请变更财产代管人。
18. A，解析：《民法典》第 46 条规定："自然人有下列情形之一的，利害关系人可以向人民法院申请宣告该自然人死亡：（一）下落不明满四年；（二）因意外事件，下落不明满二年。因意外事件下落不明，经有关机关证明该自然人不可能生存的，申请宣告死亡不受二年时间的限制。"
19. A，解析：根据《民法典》第 49 条规定，自然人被宣告死亡但是并未死亡的，不影响该自然人在被宣告死亡期间实施的民事法律行为的效力。
20. D，解析：根据《民法典》第 50 条规定，被宣告死亡的人重新出现，经本人或者利害关系人申请，人民法院应当撤销死亡宣告。
21. C，解析：根据《民法典》第 51 条规定，被宣告死亡的人的婚姻关系，自死亡宣告之日起消除。死亡宣告被撤销的，婚姻关系自撤销死亡宣告之日起自行恢复。但是，其配偶再婚或者向婚姻登记机关书面声明不愿意恢复的除外。
22. D，解析：根据《民法典》第 53 条第 2 款规定，利害关系人隐瞒真实情况，致使他人被宣告死亡而取得其财产的，除应当返还财产外，还应当对由此造成的损失承担赔偿责任。
23. C，解析：根据《民法典》第 54 条规定，自然人从事工商业经营，经依法登记，为个体工商户。个体工商户可以起字号。
24. A，解析：根据《民法典》第 54 条规定，自然人从事工商业经营，经依法登记，为个体工商户。个体工商户可以起字号。
25. A，解析：根据《民法典》第 55 条规定，农村集体经济组织的成员，依法取得农村土地承包经营权，从事家庭承包经营的，为农村承包经营户。
26. D，解析：根据《民法典》第 1060 条规定，夫妻一方因家庭日常生活需要而实施的民事法律行为，对夫妻双方发生效力，但是夫妻一方与相对人另有约定的除外。夫妻之间对一方可以实施的民事法律行为范围的限制，不得对抗善意相对人。故 D 项当选。
27. A，解析：根据《民法典》第 1062 条第 1 项的规定，A 项属于夫妻共同财产。根据《民法典》第 1063 条第 1 项和第 3 项规定，B、C 两项属于婚前个人财产，D 项属于婚后取得的只归属于一方的赠与财产，BCD 依法均属于夫妻一方个人财产。故 A 项当选。

28. B，解析：根据《民法典》第 1064 条的规定，夫妻双方共同签名或者夫妻一方事后追认等共同意思表示所负的债务，以及夫妻一方在婚姻关系存续期间以个人名义为家庭日常生活需要所负的债务，属于夫妻共同债务。夫妻一方在婚姻关系存续期间以个人名义超出家庭日常生活需要所负的债务，不属于夫妻共同债务；但是，债权人能够证明该债务用于夫妻共同生活、共同生产经营或者基于夫妻双方共同意思表示的除外。故 B 项当选。
29. D，解析：根据《民法典》第 1066 条的规定，婚姻关系存续期间，有下列情形之一的，夫妻一方可以向人民法院请求分割共同财产：（1）一方有隐藏、转移、变卖、毁损、挥霍夫妻共同财产或者伪造夫妻共同债务等严重损害夫妻共同财产利益的行为；（2）一方负有法定扶养义务的人患重大疾病需要医治，另一方不同意支付相关医疗费用。D 项中，朋友不是一方负有法定扶养义务的人，另一方没有支付医疗费用的义务。故 D 项当选。
30. C，解析：根据《民法典》第 1068 条的规定，父母有教育、保护未成年子女的权利和义务。未成年子女造成他人损害的，父母应当依法承担民事责任。故 C 项正确。
31. A，解析：根据《民法典》第 1070 条的规定，父母和子女有相互继承遗产的权利。故 A 项正确，B 项错误。根据《民法典》第 1072 条、第 1127 条的规定，对于有扶养关系的继父母和继子女之间的权利义务关系，才适用民法典关于父母子女关系的规定，才可以发生继承。故 CD 项错误。
32. A，解析：根据《民法典》第 1067 条的规定，父母不履行抚养义务的，未成年子女或者不能独立生活的成年子女，有要求父母给付抚养费的权利。根据《民法典》第 1070 条的规定，父母和子女有相互继承遗产的权利。根据《民法典》第 1072 条的规定，继父母与继子女间，不得虐待或者歧视。继父或者继母和受其抚养教育的继子女间的权利义务关系，适用本法关于父母子女关系的规定。故 A 项正确。
33. D，解析：根据《民法典》第 1074 条第 1 款的规定，有负担能力的祖父母、外祖父母，对于父母已经死亡或者父母无力抚养的未成年孙子女、外孙子女，有抚养的义务。故 D 项当选。
34. B，解析：根据《民法典》第 1094 条的规定，下列个人、组织可以作送养人：（1）孤儿的监护人；（2）儿童福利机构；（3）有特殊困难无力抚养子女的生父母，故 B 项当选。
35. C，解析：根据《民法典》第 1096 条的规定，监护人送养孤儿的，应当征得有抚养义务的人同意。有抚养义务的人不同意送养、监护人不愿意继续履行监护职责的，应当依照本法第一编的规定另行确定监护人。故 C 项正确。

36. D，解析：根据《民法典》第 1098 条的规定，收养人应当同时具备下列条件：（1）无子女或者只有 1 名子女；（2）有抚养、教育和保护被收养人的能力；（3）未患有在医学上认为不应当收养子女的疾病；（4）无不利于被收养人健康成长的违法犯罪记录；（5）年满 30 周岁。故 D 项当选。

37. C，解析：根据《民法典》第 1100 条第 1 款的规定，无子女的收养人可以收养 2 名子女；有子女的收养人只能收养 1 名子女。故 C 项当选。

38. D，解析：根据《民法典》第 1102 条的规定，无配偶者收养异性子女的，收养人与被收养人的年龄应当相差 40 周岁以上。

39. C，解析：根据《民法典》第 1104 条的规定，收养人收养与送养人送养，应当双方自愿。收养 8 周岁以上未成年人的，应当征得被收养人的同意。故 C 项正确。

40. B，解析：根据《民法典》第 1106 条的规定，收养关系成立后，公安机关应当按照国家有关规定为被收养人办理户口登记。根据《民法典》第 1107 条的规定，孤儿或者生父母无力抚养的子女，可以由生父母的亲属、朋友抚养；抚养人与被抚养人的关系不适用本章规定。根据《民法典》第 1108 条的规定，配偶一方死亡，另一方送养未成年子女的，死亡一方的父母有优先抚养的权利。故 ACD 项错误，B 项正确。

41. D，解析：根据《民法典》第 1108 条的规定，配偶一方死亡，另一方送养未成年子女的，死亡一方的父母有优先抚养的权利。故 A 项正确。

42. B，解析：根据《民法典》第 1112 条的规定，养子女可以随养父或者养母的姓氏，经当事人协商一致，也可以保留原姓氏。故 B 项错误。

43. D，解析：《民法典》第 1114 条规定，收养人在被收养人成年以前，不得解除收养关系，但是收养人、送养人双方协议解除的除外。养子女 8 周岁以上的，应当征得本人同意。收养人不履行抚养义务，有虐待、遗弃等侵害未成年养子女合法权益行为的，送养人有权要求解除养父母与养子女间的收养关系。送养人、收养人不能达成解除收养关系协议的，可以向人民法院提起诉讼。故 D 项正确。

44. B，解析：《民法典》第 1116 条规定，当事人协议解除收养关系的，应当到民政部门办理解除收养关系登记。故 A 项正确，B 项错误。根据《民法典》第 1114 条第 2 款和第 1115 条的规定，CD 项正确。

45. C，解析：《民法典》第 1118 条规定，收养关系解除后，经养父母抚养的成年养子女，对缺乏劳动能力又缺乏生活来源的养父母，应当给付生活费。因养子女成年后虐待、遗弃养父母而解除收养关系的，养父母可以要求养子女补偿收养期间支出的抚养费。生父母要求解除收养关系的，养父母可以要求生父母适当补偿收养期间支出的抚养费；但是，因养父母虐待、遗弃养子女而解除收养关系的除外。故 C 项正确。

46. A，解析：根据《民法典》第 1120 条规定，国家保护自然人的继承权。故 A 错误。根据《民法典》第 1121 条第 1 款规定，B 项正确。根据《民法典》第 1125 条规定，CD 项正确。

47. C，解析：根据《民法典》第 1122 条规定，遗产是自然人死亡时遗留的个人合法遗产。依照法律规定或者根据其性质不得继承的遗产，不得继承。

48. D，解析：根据《民法典》第 1124 条规定，继承开始后，继承人放弃继承的，应当在遗产处理前，以书面形式作出放弃继承的表示；没有表示的，视为接受继承。受遗赠人应当在知道受遗赠后 60 日内，作出接受或者放弃受遗赠的表示；到期没有表示的，视为放弃受遗赠。

49. A，解析：根据《民法典》第 1126 规定，继承权男女平等。《民法典》第 1130 条第 1 款规定，同一顺序继承人继承遗产的份额，一般应当均等。B 项错误。《民法典》第 1127 条第 2 款规定，继承开始后，由第一顺序继承人继承，第二顺序继承人不继承；没有第一顺序继承人继承的，由第二顺序继承人继承。CD 项错误。

50. B，解析：根据《民法典》第 1128 条规定，被继承人的子女先于被继承人死亡的，由被继承人的子女的直系晚辈血亲代位继承。被继承人的兄弟姐妹先于被继承人死亡的，由被继承人的兄弟姐妹的子女代位继承。代位继承人一般只能继承被代位继承人有权继承的遗产份额。

51. D，解析：根据《民法典》第 1130 条规定，同一顺序继承人继承遗产的份额，一般应当均等。对生活有特殊困难又缺乏劳动能力的继承人，分配遗产时，应当予以照顾。对被继承人尽了主要扶养义务或者与被继承人共同生活的继承人，分配遗产时，可以多分。有扶养能力和有扶养条件的继承人，不尽扶养义务的，分配遗产时，应当不分或者少分。继承人协商同意的，也可以不均等。据此，ABC 项错误，D 项正确。

52. C，解析：根据第 1132 条规定，继承人应当本着互谅互让、和睦团结的精神，协商处理继承问题。遗产分割的时间、办法和份额，由继承人协商确定；协商不成的，可以由人民调解委员会调解或者向人民法院提起诉讼。

53. C，解析：根据《民法典》第 1134 规定，自书遗嘱由遗嘱人亲笔书写，签名，注明年、月、日。

54. C，解析：根据《民法典》第 1136 条规定，打印遗嘱应当有两个以上见证人在场见证。遗嘱人和见证人应当在遗嘱每一页签名，注明年、月、日。

55. B，解析：根据《民法典》第 1138 条规定，遗嘱人在危急情况下，可以立口头遗嘱。口头遗嘱应当有两个以上见证人在场见证。危急情况消除后，遗嘱人能够以书面或者录音录像形式立遗嘱的，所立的口头遗嘱无效。据此，ACD 项表述，B 项错误。

56. D，解析：根据《民法典》第 1140 条规定，下列人员不能作为遗嘱见证人：（1）无民事行为能力人、限制民事行为能力人以及其他不具有见证能力的人；（2）继承人、受遗赠人；（3）与继承人、受遗赠人有利害关系的人。据此，ABC 都不可以成为遗嘱见证人。

57. C，解析：根据《民法典》第 1142 条规定，遗嘱人可以撤回、变更自己所立的遗嘱。立遗嘱后，遗嘱人实施与遗嘱内容相反的民事法律行为的，视为对遗嘱相关内容的撤回。立有数份遗嘱，内容相抵触的，以最后的遗嘱为准。据此。ABD 项正确，C 项错误。

58. B，解析：根据《民法典》第 1144 条规定，遗嘱继承或者遗赠附有义务的，继承人或者受遗赠人应当履行义务。没有正当理由不履行义务的，经利害关系人或者有关组织请求，人民法院可以取消其接受附义务部分遗产的权利。

59. A，解析：根据《民法典》第 1146 条规定，对遗产管理人的确定有争议的，利害关系人可以向人民法院申请指定遗产管理人。

60. C，解析：根据《民法典》第 1148 规定，遗产管理人应当依法履行职责，因故意或者重大过失造成继承人、受遗赠人、债权人损害的，应当承担民事责任。

61. C，解析：根据《民法典》第 1150 条规定，继承开始后，知道被继承人死亡的继承人应当及时通知其他继承人和遗嘱执行人。继承人中无人知道被继承人死亡或者知道被继承人死亡而不能通知的，由被继承人生前所在单位或者住所地的居民委员会、村民委员会负责通知。据此，选项 ABC 正确，选项 D 错误。

62. D，解析：根据《民法典》第 1152 条规定，继承开始后，继承人于遗产分割前死亡，并没有放弃继承的，该继承人应当继承的遗产转给其继承人，但是遗嘱另有安排的除外。据此，ABC 项正确，D 项错误。

63. C，解析：根据《民法典》第 1154 条规定，有下列情形之一的，遗产中的有关部分按照法定继承办理：（1）遗嘱继承人放弃继承或者受遗赠人放弃受遗赠；（2）遗嘱继承人丧失继承权或者受遗赠人丧失受遗赠权；（3）遗嘱继承人、受遗赠人先于遗嘱人死亡或者终止；（4）遗嘱无效部分所涉及的遗产；（5）遗嘱未处分的遗产。据此，ABD 项错误，C 项正确。

64. B，解析：根据《民法典》第 1156 条规定，遗产分割应当有利于生产和生活需要，不损害遗产的效用。不宜分割的遗产，可以采取折价、适当补偿或者共有等方法处理。据此，ACD 项错误，B 项正确。

65. A，解析：根据《民法典》第 1158 条规定，自然人可以与继承人以外的组织或者个人签订遗赠扶养协议。按照协议，该组织或者个人承担该自然人生养死葬的义务，享有受遗赠的权利。据此，A 项错误，BC 项正确。根据《民法典》第 1123 条规定，D 项正确。

66. B，解析：根据《民法典》第 1160 条规定，无人继承又无人受遗赠的遗产，归国家所有，用于公益事业；死者生前是集体所有制组织成员的，归所在集体所有制组织所有。

67. C，解析：根据《民法典》第 1162 条规定，执行遗赠不得妨碍清偿遗赠人依法应当缴纳的税款和债务。C 项正确。根据《民法典》第 1161 条规定，继承人以所得遗产实际价值为限清偿被继承人依法应当缴纳的税款和债务。超过遗产实际价值部分，继承人自愿偿还的不在此限。继承人放弃继承的，对被继承人依法应当缴纳的税款和债务可以不负清偿责任。ABD 项错误。

（三）多项选择题

1. ABCD，解析：根据《民法典》第 13、14、16 条规定。

2. ABCD，解析：根据《民法典》第 15 条规定，自然人的出生时间和死亡时间，以出生证明、死亡证明记载的时间为准；没有出生证明、死亡证明的，以户籍登记或者其他有效身份登记记载的时间为准。有其他证据足以推翻以上记载时间的，以该证据证明的时间为准。

3. AB，解析：根据《民法典》第 16 条规定，涉及遗产继承、接受赠与等胎儿利益保护的，胎儿视为具有民事权利能力；但是，胎儿娩出时为死体的，其民事权利能力自始不存在。

4. ABC，解析：根据《民法典》第 19 条规定，8 周岁以上的未成年人为限制民事行为能力人，实施民事法律行为由其法定代理人代理或者经其法定代理人同意、追认；但是，可以独立实施纯获利益的民事法律行为或者与其年龄、智力相适应的民事法律行为。

5. ACD，解析：根据《民法典》第22条规定，不能完全辨认自己行为的成年人为限制民事行为能力人，实施民事法律行为由其法定代理人代理或者经其法定代理人同意、追认；但是，可以独立实施纯获利益的民事法律行为或者与其智力、精神健康状况相适应的民事法律行为。
6. BCD，解析：根据《民法典》第20条规定，不满8周岁的未成年人为无民事行为能力人，由其法定代理人代理实施民事法律行为。根据《民法典》第21条规定，不能辨认自己行为的成年人为无民事行为能力人，由其法定代理人代理实施民事法律行为。根据《民法典》第23条规定，无民事行为能力人、限制民事行为能力人的监护人是其法定代理人。
7. ABCD，解析：根据《民法典》第24条规定，不能辨认或者不能完全辨认自己行为的成年人，其利害关系人或者有关组织，可以向人民法院申请认定该成年人为无民事行为能力人或者限制民事行为能力人。被人民法院认定为无民事行为能力人或者限制民事行为能力人的，经本人、利害关系人或者有关组织申请，人民法院可以根据其智力、精神健康恢复的状况，认定该成年人恢复为限制民事行为能力人或者完全民事行为能力人。本条规定的有关组织包括：居民委员会、村民委员会、学校、医疗机构、妇女联合会、残疾人联合会、依法设立的老年人组织、民政部门等。
8. ACD，解析：根据《民法典》第25条规定，自然人以户籍登记或者其他有效身份登记记载的居所为住所；经常居所与住所不一致的，经常居所视为住所。
9. ABCD，解析：《民法典》第27条规定："父母是未成年子女的监护人。未成年人的父母已经死亡或者没有监护能力的，由下列有监护能力的人按顺序担任监护人：（一）祖父母、外祖父母；（二）兄、姐；（三）其他愿意担任监护人的个人或者组织，但是须经未成年人住所地的居民委员会、村民委员会或者民政部门同意。"
10. ACD，解析：《民法典》第27条规定："父母是未成年子女的监护人。未成年人的父母已经死亡或者没有监护能力的，由下列有监护能力的人按顺序担任监护人：（一）祖父母、外祖父母；（二）兄、姐；（三）其他愿意担任监护人的个人或者组织，但是须经未成年人住所地的居民委员会、村民委员会或者民政部门同意。”

11. ABCD，解析：根据《民法典》第 28 条规定，无民事行为能力或者限制民事行为能力的成年人，由下列有监护能力的人按顺序担任监护人：（1）配偶；（2）父母、子女；（3）其他近亲属；（4）其他愿意担任监护人的个人或者组织，但是须经被监护人住所地的居民委员会、村民委员会或者民政部门同意。

12. ABCD，解析：《民法典》第 31 条第 3 款规定：“依据本条第一款规定指定监护人前，被监护人的人身权利、财产权利以及其他合法权益处于无人保护状态的，由被监护人住所地的居民委员会、村民委员会、法律规定的有关组织或者民政部门担任临时监护人。”

13. ABCD，解析：根据《民法典》第 34 条第 1 至 3 款规定，监护人的职责是代理被监护人实施民事法律行为，保护被监护人的人身权利、财产权利以及其他合法权益等。监护人依法履行监护职责产生的权利，受法律保护。监护人不履行监护职责或者侵害被监护人合法权益的，应当承担法律责任。

14. BD，解析：根据《民法典》第 35 条第 2 款规定，未成年人的监护人履行监护职责，在作出与被监护人利益有关的决定时，应当根据被监护人的年龄和智力状况，尊重被监护人的真实意愿。

15. AD，解析：根据《民法典》第 35 条第 3 款规定，成年人的监护人履行监护职责，应当最大程度地尊重被监护人的真实意愿，保障并协助被监护人实施与其智力、精神健康状况相适应的民事法律行为。对被监护人有能力独立处理的事务，监护人不得干涉。

16. ABC，解析：《民法典》第 36 条第 1 款规定：“监护人有下列情形之一的，人民法院根据有关个人或者组织的申请，撤销其监护人资格，安排必要的临时监护措施，并按照最有利于被监护人的原则依法指定监护人：（一）实施严重损害被监护人身心健康的行为；（二）怠于履行监护职责，或者无法履行监护职责并且拒绝将监护职责部分或者全部委托给他人，导致被监护人处于危困状态；（三）实施严重侵害被监护人合法权益的其他行为。”

17. ABCD，解析：《民法典》第 39 条规定：“有下列情形之一的，监护关系终止：（一）被监护人取得或者恢复完全民事行为能力；（二）监护人丧失监护能力；（三）被监护人或者监护人死亡；（四）人民法院认定监护关系终止的其他情形。监护关系终止后，被监护人仍然需要监护的，应当依法另行确定监护人。”

18. CD，解析：根据《民法典》第41条规定，自然人下落不明的时间自其失去音讯之日起计算。战争期间下落不明的，下落不明的时间自战争结束之日或者有关机关确定的下落不明之日起计算。

19. ABCD，解析：《民法典》第42条规定：“失踪人的财产由其配偶、成年子女、父母或者其他愿意担任财产代管人的人代管。代管有争议，没有前款规定的人，或者前款规定的人无代管能力的，由人民法院指定的人代管。”

20. BC，解析：根据《民法典》第43条第3款规定，财产代管人因故意或者重大过失造成失踪人财产损失的，应当承担赔偿责任。

21. BCD，解析：根据《民法典》第44条第1款规定，财产代管人不履行代管职责、侵害失踪人财产权益或者丧失代管能力的，失踪人的利害关系人可以向人民法院申请变更财产代管人。

22. CD，解析：根据《民法典》第45条规定，失踪人重新出现，经本人或者利害关系人申请，人民法院应当撤销失踪宣告。失踪人重新出现，有权请求财产代管人及时移交有关财产并报告财产代管情况。

23. CD，解析：根据《民法典》第50条规定，被宣告死亡的人重新出现，经本人或者利害关系人申请，人民法院应当撤销死亡宣告。

24. AD，解析：根据《民法典》第54条规定，自然人从事工商业经营，经依法登记，为个体工商户。个体工商户可以起字号。根据《民法典》第56条第1款规定，个体工商户的债务，个人经营的，以个人财产承担；家庭经营的，以家庭财产承担；无法区分的，以家庭财产承担。

25. ACD，解析：根据《民法典》第55条规定，农村集体经济组织的成员，依法取得农村土地承包经营权，从事家庭承包经营的，为农村承包经营户。根据《民法典》第56条第2款规定，农村承包经营户的债务，以从事农村土地承包经营的农户财产承担；事实上由农户部分成员经营的，以该部分成员的财产承担。

26. ABCD，解析：根据《民法典》第1055至1058条的规定，夫妻在婚姻家庭关系中地位平等。夫妻双方都有各自使用自己姓名的权利。夫妻双方都有参加生产、工作、学习和社会活动的自由，一方不得对另一方加以限制或者干涉。夫妻双方平等享有对未成年子女抚养、教育和保护的权利，共同承担对未成年子女抚养、教育和保护的义务。ABCD均正确。

27. ABCD，解析：《民法典》第1061条规定，夫妻有相互继承遗产的权利。第1127条第1款规定，遗产按照下列顺序继承：（1）第一顺序：配偶、子女、父母；（2）第二顺序：兄弟姐妹、祖父母、外祖父母。故ABCD均当选。

28. ABC，解析：根据《民法典》第1063条的规定，下列财产为夫妻一方的个人财产：（1）一方的婚前财产；（2）一方因受到人身损害获得的赔偿或者补偿；（3）遗嘱或者赠与合同中确定只归一方的财产；（4）一方专用的生活用品；（5）其他应当归一方的财产。故ABC项当选。

29. ABCD，解析：根据《民法典》第1065条的规定，男女双方可以约定婚姻关系存续期间所得的财产以及婚前财产归各自所有、共同所有或者部分各自所有、部分共同所有。约定应当采用书面形式。没有约定或者约定不明确的，适用民法典第1062条、第1063条的规定。夫妻对婚姻关系存续期间所得的财产以及婚前财产的约定，对双方具有法律约束力。夫妻对婚姻关系存续期间所得的财产约定归各自所有，夫或者妻一方对外所负的债务，相对人知道该约定的，以夫或者妻一方的个人财产清偿。故ABCD均当选。

30. ABCD，解析：根据《民法典》第1067条的规定，父母不履行抚养义务的，未成年子女或者不能独立生活的成年子女，有要求父母给付抚养费的权利。成年子女不履行赡养义务的，缺乏劳动能力或者生活困难的父母，有要求成年子女给付赡养费的权利。故ABCD项均当选。

31. ABC，解析：根据《民法典》第1069条的规定，子女应当尊重父母的婚姻权利，不得干涉父母离婚、再婚以及婚后的生活。子女对父母的赡养义务，不因父母的婚姻关系变化而终止。故ABC项当选。

32. AB，解析：根据《民法典》第1061条的规定，夫妻有相互继承遗产的权利。故B项正确。根据《民法典》第1070条的规定，父母和子女有相互继承遗产的权利。故A项正确。

33. BD，解析：根据《民法典》第1071条的规定，非婚生子女享有与婚生子女同等的权利，任何组织或者个人不得加以危害和歧视。不直接抚养非婚生子女的生父或者生母，应当负担未成年子女或者不能独立生活的成年子女的抚养费。故 BD 项正确。

34. BCD，解析：根据《民法典》第 1073 条的规定，对亲子关系有异议且有正当理由的，父或者母可以向人民法院提起诉讼，请求确认或者否认亲子关系。对亲子关系有异议且有正当理由的，成年子女可以向人民法院提起诉讼，请求确认亲子关系。A 正确。B 项中，对亲子关系的异议无“正当理由”；C 项中应当是“成年”子女；D 项不能提出请求“否认”。故 BCD 项当选。

35. BD，解析：根据《民法典》第 1075 条的规定，有负担能力的兄、姐，对于父母已经死亡或者父母无力抚养的未成年弟、妹，有扶养的义务。由兄、姐扶养长大的有负担能力的弟、妹，对于缺乏劳动能力又缺乏生活来源的兄、姐，有扶养的义务。故 BD 项正确。

36. ABC，解析：根据《民法典》第 1093 条的规定，下列未成年人，可以被收养：（1）丧失父母的孤儿；（2）查找不到生父母的未成年人；（3）生父母有特殊困难无力抚养的子女。故 ABC 项当选。

37. ABC，解析：根据《民法典》第 1095 条的规定，未成年人的父母均不具备完全民事行为能力且可能严重危害该未成年人的，该未成年人的监护人可以将其送养。故 ABC 项当选。

38. ABC，解析：根据《民法典》第 1097 条的规定，生父母送养子女，应当双方共同送养。生父母一方不明或者查找不到的，可以单方送养。故 ABC 项当选。

39. ABC，解析：根据《民法典》第 1099 条的规定，收养三代以内旁系同辈血亲的子女，可以不受本法第 1093 条第 3 项、第 1094 条第 3 项和第 1102 条规定的限制。华侨收养三代以内旁系同辈血亲的子女，还可以不受本法第 1098 条第 1 项规定的限制。故 ABC 项当选。

40. BCD，解析：《民法典》第 1100 条第 1 款规定，无子女的收养人可以收养两名子女；有子女的收养人只能收养一名子女。。《民法典》第 1101 条规定，有配偶者收养子女，应当夫妻共同收养。《民法典》第 1102 条规定，无配偶者收养异性子女的，收养人与被收养人的年龄应当相差 40 周岁以上。故 BCD 项正确。

41. ABCD，解析：根据《民法典》第 1103 条的规定，继父或者继母经继子女的生父母同意，可以收养继子女，并可以不受本法第 1093 条第 3 项、第 1094 条第 3 项、第 1098 条和第 1100 条第 1 款规定的限制。故 ABCD 项当选。

42. ABCD，解析：根据《民法典》第 1105 条的规定，收养应当向县级以上人民政府民政部门登记。收养关系自登记之日起成立。收养查找不到生父母的未成年人的，办理登记的民政部门应当在登记前予以公告。收养关系当事人愿意签订收养协议的，可以签订收养协议。收养关系当事人各方或者一方要求办理收养公证的，应当办理收养公证。县级以上人民政府民政部门应当依法进行收养评估。故 ABCD 均当选。

43. ACD，解析：根据《民法典》第 1106 条的规定，收养关系成立后，公安机关应当按照国家有关规定为被收养人办理户口登记。根据《民法典》第 1107 条的规定，孤儿或者生父母无力抚养的子女，可以由生父母的亲属、朋友抚养；抚养人与被抚养人的关系不适用本章规定。故 ACD 项正确。

44. BCD，解析：根据《民法典》第 1109 条的规定，外国人依法可以在中华人民共和国收养子女。外国人在中华人民共和国收养子女，应当经其所在国主管机关依照该国法律审查同意。收养人应当提供由其所在国有权机构出具的有关其年龄、婚姻、职业、财产、健康、有无受过刑事处罚等状况的证明材料，并与送养人签订书面协议，亲自向省、自治区、直辖市人民政府民政部门登记。前款规定的证明材料应当经收养人所在国外交机关或者外交机关授权的机构认证，并经中华人民共和国驻该国使领馆认证，但是国家另有规定的除外。故 BCD 项正确。

45. ABCD，解析：根据《民法典》第 1111 条的规定，自收养关系成立之日起，养父母与养子女间的权利义务关系，适用本法关于父母子女关系的规定；养子女与养父母的近亲属间的权利义务关系，适用本法关于子女与父母的近亲属关系的规定。养子女与生父母以及其他近亲属间的权利义务关系，因收养关系的成立而消除。故 ABCD 项正确。

46. ABC，解析：《民法典》第 1044 条第 2 款规定，禁止借收养名义买卖未成年人。第 1104 条规定，收养人收养与送养人送养，应当双方自愿。收养 8 周岁以上未成年人的，应当征得被收养人的同意。第 1112 条规定，养子女可以随养父或者养母的姓氏，经当事人协商一致，也可以保留原姓氏。第 1113 条规定，有《民法典》总则编关于民事法律行为无效规定情形或者违反本编规定的收养行为无效。无效的收养行为自始没有法律约束力。故 ABC 项正确。

47. BCD，解析：《民法典》第 1114 条规定，收养人在被收养人成年以前，不得解除收养关系，但是收养人、送养人双方协议解除的除外。第 1115 条规定，养父母与成年养子女关系恶化、无法共同生活的，可以协议解除收养关系。不能达成协议的，可以向人民法院提起诉讼。故 BCD 项正确。

48. ABD，解析：《民法典》第 1117 条规定，收养关系解除后，养子女与养父母以及其他近亲属间的权利义务关系即行消除，与生父母以及其他近亲属间的权利义务关系自行恢复。但是，成年养子女与生父母以及其他近亲属间的权利义务关系是否恢复，可以协商确定。故 ABD 项正确。

49. AD，解析：根据《民法典》第 1123 条规定，继承开始后，按照法定继承办理；有遗嘱的，按照遗嘱继承或者遗赠办理；有遗赠扶养协议的，按照协议办理。

50. ABC，解析：根据《民法典》第 1125 条规定，继承人有下列行为之一的，丧失继承权：（1）故意杀害被继承人；（2）为争夺遗产而杀害其他继承人；（3）遗弃被继承人，或者虐待被继承人情节严重；（4）伪造、篡改、隐匿或者销毁遗嘱，情节严重；（5）以欺诈、胁迫手段迫使或者妨碍被继承人设立、变更或者撤回遗嘱，情节严重。继承人有前款第 3 项至第 5 项行为，确有悔改表现，被继承人表示宽恕或者事后在遗嘱中将其列为继承人的，该继承人不丧失继承权。受遗赠人有本条第 1 款规定行为的，丧失受遗赠权。据此，AC 项正确。相关行为须达到情节严重才丧失受遗赠权，B 项错误；受遗赠权一旦丧失即无法恢复，D 项错误。

51. BD，解析：根据《民法典》第 1127 条规定，遗产按照下列顺序继承：（1）第一顺序：配偶、子女、父母；（2）第二顺序：兄弟姐妹、祖父母、外祖父母。继承开始后，由第一顺序继承人继承，第二顺序继承人不继承；没有第一顺序继承人继承的，由第二顺序继承人继承。本编所称子女，包括婚生子女、非婚生子女、养子女和有扶养关系的继子女。本编所称父母，包括生父母、养父母和有扶养关系的继父母。本编所称兄弟姐妹，包括同父母的兄弟姐妹、同父异母或者同母异父的兄弟姐妹、养兄弟姐妹、有扶养关系的继兄弟姐妹。

52. AC，解析：根据《民法典》第 1129 条规定，丧偶儿媳对公婆，丧偶女婿对岳父母，尽了主要赡养义务的，作为第一顺序继承人。

53. AB，解析：根据《民法典》第 1131 条规定，对继承人以外的依靠被继承人扶养的人，或者继承人以外的对被继承人扶养较多的人，可以分给适当的遗产。

54. ABCD，解析：根据《民法典》第 1133 条规定，自然人可以依照本法规定立遗嘱处分个人财产，并可以指定遗嘱执行人。自然人可以立遗嘱将个人财产指定由法定继承人中的一人或者数人继承。自然人可以立遗嘱将个人财产赠与国家、集体或者法定继承人以外的组织、个人。自然人可以依法设立遗嘱信托。

55. ABCD，解析：根据《民法典》第 1135 条规定，代书遗嘱应当有两个以上见证人在场见证，由其中一人代书，并由遗嘱人、代书人和其他见证人签名，注明年、月、日。

56. ABD，解析：根据《民法典》第 1137 规定，以录音录像形式立的遗嘱，应当有两个以上见证人在场见证。遗嘱人和见证人应当在录音录像中记录其姓名或者肖像，以及年、月、日。

57. AB，解析：根据《民法典》第 1139 条规定，公证遗嘱由遗嘱人经公证机构办理。AB 项正确。《民法典》第 1142 条规定，遗嘱人可以撤回、变更自己所立的遗嘱。立遗嘱后，遗嘱人实施与遗嘱内容相反的民事法律行为的，视为对遗嘱相关内容的撤回。立有数份遗嘱，内容相抵触的，以最后的遗嘱为准。据此，CD 项错误。

58. ABD，解析：根据《民法典》第 1141 条规定，遗嘱应当为缺乏劳动能力又没有生活来源的继承人保留必要的遗产份额。据此，C 项正确，ABD 项表述错误。

59. ABC，解析：根据《民法典》第 1143 条规定，无民事行为能力人或者限制民事行为能力人所立的遗嘱无效。遗嘱必须表示遗嘱人的真实意思，受欺诈、胁迫所立的遗嘱无效。伪造的遗嘱无效。遗嘱被篡改的，篡改的内容无效。据此，D 项遗嘱被篡改的，遗嘱本身并非无效，只是其中被篡改的内容无效，未被篡改的部分如无其他遗嘱无效情形，仍然有效。ABC 项正确。

60. ABCD，解析：根据《民法典》第1145条规定，继承开始后，遗嘱执行人为遗产管理人；没有遗嘱执行人的，继承人应当及时推选遗产管理人；继承人未推选的，由继承人共同担任遗产管理人；没有继承人或者继承人均放弃继承的，由被继承人生前住所地的民政部门或者村民委员会担任遗产管理人。
61. ABCD，解析：根据《民法典》第1147条规定，遗产管理人应当履行下列职责：（1）清理遗产并制作遗产清单；（2）向继承人报告遗产情况；（3）采取必要措施防止遗产毁损、灭失；（4）处理被继承人的债权债务；（5）按照遗嘱或者依照法律规定分割遗产；（6）实施与管理遗产有关的其他必要行为。
62. BC，解析：根据《民法典》第1149条规定，遗产管理人可以依照法律规定或者按照约定获得报酬。
63. ABC，解析：根据《民法典》第1151条规定，存有遗产的人，应当妥善保管遗产，任何组织或者个人不得侵吞或者争抢。据此，ABC项正确。D项于法无据。
64. BC，解析：根据《民法典》第1153条规定，夫妻共同所有的财产，除有约定的外，遗产分割时，应当先将共同所有的财产的一半分出为配偶所有，其余的为被继承人的遗产。遗产在家庭共有财产之中的，遗产分割时，应当先分出他人的财产。
65. BCD，解析：《民法典》第1155条规定，遗产分割时，应当保留胎儿的继承份额。胎儿娩出时是死体的，保留的份额按照法定继承办理。据此，A项错误，BCD项正确。
66. ACD，解析：《民法典》第1157条规定，夫妻一方死亡后另一方再婚的，有权处分所继承的财产，任何组织或者个人不得干涉。据此，ACD项正确，B项错误。
67. AB，解析：根据《民法典》第1159条规定，分割遗产，应当清偿被继承人依法应当缴纳的税款和债务；但是，应当为缺乏劳动能力又没有生活来源的继承人保留必要的遗产。据此AB项正确。根据本条，保留遗产的对象应当是“缺乏劳动能力又没有生活来源的继承人”，且保留的遗产以“必要”为限，CD项错误。
68. ABC，解析：《民法典》第1161条规定，继承人以所得遗产实际价值为限清偿被继承人依法应当缴纳的税款和债务。超过遗产实际价值部分，继承人自愿偿还的不在此限。继承人放弃继承的，对被继承人依法应当缴纳的税款和债务可以不负清偿责任。据此，ABC 项正确，D 项错误。

（四）填空题

1. 出生时；死亡时；民事权利能力；民事权利；民事义务。（《民法典》第 13 条）
2. 出生证明；户籍登记；其他有效身份登记。（《民法典》第 15 条）
3. 遗产继承；接受赠与；自始不存在。（《民法典》第 16 条）
4. 完全民事行为能力人；16；未成年人；劳动收入；视为。（《民法典》第 18 条）
5. 限制民事行为能力人；代理；同意；追认；纯获利益；年龄、智力相适应。（《民法典》第 19 条）
6. 辨认；法定代理人。（《民法典》第 21 条）
7. 监护人。（《民法典》第 23 条）
8. 本人；利害关系人；智力；精神健康。（《民法典》第 24 条第 2 款）
9. 户籍登记；其他有效身份登记记载的居所；经常居所。（《民法典》第 25 条）
10. 未成年；抚养；教育；成年子女；赡养；扶助。（《民法典》第 26 条）
11. 监护；协议；真实意愿。（《民法典》第 30 条）
12. 依法；民政部门；住所地；居民委员会；村民委员会。（《民法典》第 32 条）
13. 依法；法律。（《民法典》第 34 条第 2 款）
14. 不履行监护职责；侵害被监护人合法权益。（《民法典》第 34 条第 3 款）
15. 最有利于被监护人；不得。（《民法典》第 35 条第 1 款）
16. 人民法院；应当继续。（《民法典》第 37 条）
17. 取得；恢复。（《民法典》第 39 条）
18. 失去音讯；战争结束；有关机关确定的下落不明。（《民法典》第 41 条）
19. 管理。（《民法典》第 43 条第 1 款）
20. 税款；债务。（《民法典》第 43 条第 2 款）
21. 故意；重大过失。（《民法典》第 43 条第 3 款）
22. 本人；利害关系人；撤销。（《民法典》第 45 条第 1 款）

23. 及时移交；报告。（《民法典》第 45 条第 2 款）
24. 4 年；2 年。（《民法典》第 46 条第 1 款）
25. 宣告死亡。（《民法典》第 47 条）
26. 判决作出之日；意外事件发生之日。（《民法典》第 48 条）
27. 返还财产；适当补偿。（《民法典》第 53 条第 1 款）
28. 工商业；登记；可以。（《民法典》第 54 条）
29. 农村土地承包经营权。（《民法典》第 55 条）
30. 个人财产；家庭财产；家庭财产。（《民法典》第 56 条第 1 款）
31. 农村土地承包经营的农户财产；该部分成员的财产。（《民法典》第 56 条第 2 款）
32. 各自使用。（《民法典》第 1056 条）
33. 平等享有；共同承担。（《民法典》第 1058 条）
34. 家庭日常生活需要；夫妻一方与相对人另有约定；善意相对人。（《民法典》第 1060 条）
35. 工资、奖金、劳务报酬；生产、经营、投资的收益；知识产权；遗嘱或者赠与合同中确定只归一方的财产；平等。（《民法典》第 1062 条）
36. 共同签名；事后追认；家庭日常生活需要基于夫妻双方共同的意思表示。（《民法典》第 1064 条）
37. 共同财产；隐藏、转移、变卖、毁损、挥霍；伪造；法定扶养义务。（《民法典》第 1066 条）
38. 虐待；歧视；父母子女关系。（《民法典》第 1072 条）
39. 有负担能力；已经死亡；无抚养能力。（《民法典》第 1074 条）
40. 监护人；儿童福利机构；特殊困难。（《民法典》第 1094 条）
41. 抚养义务的人。（《民法典》第 1096 条）
42. 无；1 名；不利于被收养人健康成长；30。（《民法典》第 1098 条）
43. 2 名；1 名。（《民法典》第 1100 条）
44. 异性；40。（《民法典》第 1102 条）
45. 双方自愿；8；被收养人。（《民法典》第 1104 条）
46. 公安机关。（《民法典》第 1106 条）
47. 死亡一方的父母。（《民法典》第 1108 条）
48. 保守；不得。（《民法典》第 1110 条）

49. 养父；养母；协商一致。（《民法典》第 1112 条）
50. 成年以前；协议解除；8；虐待、遗弃；提起诉讼。（《民法典》第 1114 条）
51. 民政部门。（《民法典》第 1116 条）
52. 适当补偿；虐待、遗弃。（《民法典》第 1118 条）
53. 死亡。（《民法典》第 1121 条）
54. 法定继承；遗嘱；遗嘱继承；遗嘱；遗赠扶养协议。（《民法典》第 1123 条）
55. 故意。（《民法典》第 1125 条）
56. 配偶；子女；父母。（《民法典》第 1127 条）
57. 主要赡养义务；第一顺序继承人。（《民法典》第 1129 条）
58. 可以分给适当的遗产。（《民法典》第 1131 条）
59. 一人或者数人。（《民法典》第 1133 条）
60. 遗嘱人；代书人；其他见证人。（《民法典》第 1135 条）
61. 姓名或者肖像。（《民法典》第 1137 条）
62. 公证机构。（《民法典》第 1139 条）
63. 缺乏劳动能力又没有生活来源。（《民法典》第 1141 条）
64. 无效。（《民法典》第 1143 条）
65. 及时推选；共同担任。（《民法典》第 1145 条）
66. 报告遗产情况。（《民法典》第 1147 条）
67. 依照法律规定；按照约定。（《民法典》第 1149 条）
68. 侵吞或者争抢。（《民法典》第 1151 条）
69. 共同所有的财产的一半。（《民法典》第 1153 条）
70. 法定继承。（《民法典》第 1155 条）
71. 有权处分所继承的财产。（《民法典》第 1157 条）
72. 缺乏劳动能力又没有生活来源；必要的。（《民法典》第 1159 条）
73. 税款和债务；继承人自愿偿还。（《民法典》第 1161 条）
74. 法定继承人；遗嘱继承人；受遗赠人；比例。（《民法典》第 1163 条）

（五）简答题

1. 答：根据《民法典》第 36 条第 1 款规定，监护人有下列情形之一的，人民法院根据有关个人或者组织的申请，撤销其监护人资格，安排必要的临时监护措施，并按照最有利于被监护人的原则依法指定监护人：（1）实施严重损害被监护人身心健康的行为；（2）怠于履行监护职责，或者无法履行监护职责且拒绝将监护职责部分或者全部委托给他人，导致被监护人处于危困状态；（3）实施严重侵害被监护人合法权益的其他行为。

2. 答：根据《民法典》第 39 条第 1 款规定，有下列情形之一的，监护关系终止：（1）被监护人取得或者恢复完全民事行为能力；（2）监护人丧失监护能力；（3）被监护人或者监护人死亡；（4）人民法院认定监护关系终止的其他情形。

3. 答：根据《民法典》第 46 条第 1 款规定，自然人有下列情形之一的，利害关系人可以向人民法院申请宣告该自然人死亡：（1）下落不明满 4 年；（2）因意外事件，下落不明满 2 年。因意外事件下落不明，经有关机关证明该自然人不可能生存的，申请宣告死亡不受 2 年时间的限制。

4. 答：根据《民法典》第 1093 条的规定，下列未成年人，可以被收养：（1）丧失父母的孤儿；（2）查找不到生父母的未成年人；（3）生父母有特殊困难无力抚养的子女。

   根据《民法典》第 1094 条的规定，下列个人、组织可以作送养人：（1）孤儿的监护人；（2）儿童福利机构；（3）有特殊困难无力抚养子女的生父母。

5. 答：根据《民法典》第 1098、1099 条的规定，在我国，收养人办理收养的，应当同时具备下列条件：（1）无子女或者只有一名子女；（2）有抚养、教育和保护被收养人的能力；（3）未患有在医学上认为不应当收养子女的疾病；（4）无不利于被收养人健康成长的违法犯罪记录；（5）年满 30 周岁。华侨收养三代以内旁系同辈血亲的子女，还可以不受“无子女或者只有一名子女”的限制。

6. 答：根据《民法典》第 1111 条的规定，自收养关系成立之日起，养父母与养子女间的权利义务关系，适用本法关于父母子女关系的规定；养子女与养父母的近亲属间的权利义务关系，适用本法关于子女与父母的近亲属关系的规定。养子女与生父母以及其他近亲属间的权利义务关系，因收养关系的成立而消除。

三、劳动法

（一）判断题

1. 劳动者享有平等就业和选择职业的权利。（　　）
2. 劳动者应当完成劳动任务，提高职业技能。（　　）
3. 妇女享有与男子平等的就业权利。（　　）
4. 禁止用人单位招用未满 18 岁的未成年人。（　　）
5. 文艺、体育和特种工艺单位可以有条件地招用未满 16 岁的未成年人。（　　）
6. 国家对女职工和未成年工实行特殊劳动保护。（　　）
7. 国家实行劳动者每日工作时间不超过 8 小时、平均每周工作时间不超过 40 小时的工时制度。（　　）
8. 工资分配应当遵循按时分配原则，实行同工同酬。（　　）
9. 用人单位应当对未成年工定期进行健康检查。（　　）
10. 工会代表和维护劳动者的合法权益，依法独立自主地开展活动。（　　）

（二）单项选择题

1. 以下哪项权利不是劳动者享有的权利？（　　）
   A. 平等就业和选择职业的权利
   B. 接受职业技能培训的权利
   C. 提请劳动争议处理的权利
   D. 享受免费医疗的权利
2. 以下哪项义务不是劳动者的义务？（　　）
   A. 完成劳动任务　　B. 提高职业技能
   C. 保守秘密　　D. 遵守劳动纪律和职业道德
3. 禁止用人单位招用未满（　　）周岁的未成年人。
   A. 12　　B. 14
   C. 16　　D. 18

4. 国家实行劳动者每日工作时间不超过(　　)小时、平均每周工作时间不超过(　　)小时的工时制度。

A. 8，44　　B. 8，40

C. 6，36　　D. 6，44

5. 以下哪个说法是错误的？(　　)

A. 工资分配应当遵循按劳分配原则，实行同工同酬

B. 未成年工是指年满 16 周岁未满 18 周岁的劳动者

C. 不得安排未成年工从事水下、有毒有害、国家规定的第三级体力劳动强度的劳动和其他禁忌从事的劳动

D. 用人单位应当对未成年工定期进行健康检查

6. 建立劳动关系应当订立(　　)合同。

A. 加工　　B. 承揽

C. 绩效　　D. 劳动

7. 劳动合同可以约定试用期。试用期最长不得超过(　　)个月。

A. 6　　B. 3

C. 2　　D. 1

（三）多项选择题

1. 以下哪些是劳动者享有的权利？(　　)

A. 平等就业和选择职业的权利

B. 休息休假的权利

C. 接受职业技能培训的权利

D. 享受社会保险和福利的权利

2. 劳动者就业，不因(　　)不同而受歧视。

A. 民族　　B. 种族

C. 性别　　D. 宗教信仰

3. 以下哪几项说法是正确的？(　　)

A. 禁止用人单位招用未满 16 周岁的未成年人

B. 国家实行劳动者每日工作时间不超过 8 小时、平均每周工作时间不超过 44 小时的工时制度

C. 工资分配应当遵循按时分配原则，实行同工同酬

D. 未成年工是指年满 14 周岁未满 16 周岁的劳动者

4. 不得安排未成年工从事以下哪些劳动？（　　）

A. 矿山井下

B. 有毒有害

C. 国家规定的第四级体力劳动强度的劳动

D. 其他禁忌从事的劳动

5. 未成年人享有哪些《劳动法》上的保护？（　　）

A. 禁止用人单位招用未满 16 周岁的未成年人

B. 国家实行九年义务教育制度

C. 用人单位应当对未成年工定期进行健康检查

D. 用人单位非法招用未满 16 周岁的未成年人的，由劳动行政部门责令改正，处以罚款；情节严重的，由市场监督管理部门吊销营业执照

（四）填空题

1. 劳动者享有____、____、休息休假的权利、获得劳动安全卫生保护的权利、____、享受社会保险和福利的权利、提请劳动争议处理的权利以及法律规定的其他劳动权利。

2. 劳动者应当完成劳动任务，____，执行劳动安全卫生规程，遵守劳动纪律和职业道德。

3. 劳动者就业，不因____不同而受歧视。

4. 禁止用人单位招用未满____周岁的未成年人。

5. 国家实行劳动者每日工作时间不超过____小时、平均每周工作时间不超过____小时的工时制度。

6. 工资分配应当遵循____原则，实行同工同酬。

7. 未成年工是指年满____周岁未满____周岁的劳动者。

8. 不得安排未成年工从事____、有毒有害、国家规定的____体力劳动强度的劳动和其他禁忌从事的劳动。

9. 用人单位应当对未成年工____进行健康检查。

10. 用人单位非法招用未满 16 周岁的未成年人的，由____责令改正，处以罚

款；情节严重的，由市场监督管理部门吊销营业执照。

11. 劳动者依照法律规定，通过____、____或者其他形式，参与民主管理或者就保护劳动者合法权益与用人单位进行平等协商。

12. 妇女享有与男子____的就业权利。在录用职工时，除国家规定的____外，不得以性别为由拒绝录用妇女或者提高对妇女的录用标准。

（五）简答题

1. 劳动者权利和义务有哪些？
2. 我国的劳动者工时制度是怎样的？
3. 未成年人享有哪些《劳动法》上的保护？
4. 用人单位非法招用未满 16 周岁的未成年人的法律责任是什么？

参考答案

（一）判断题

1. √，解析：《劳动法》第 3 条第 1 款规定，劳动者享有平等就业和选择职业的权利、取得劳动报酬的权利、休息休假的权利、获得劳动安全卫生保护的权利、接受职业技能培训的权利、享受社会保险和福利的权利、提请劳动争议处理的权利以及法律规定的其他劳动权利。
2. √，解析：《劳动法》第 3 条第 2 款规定，劳动者应当完成劳动任务，提高职业技能，执行劳动安全卫生规程，遵守劳动纪律和职业道德。
3. √，解析：《劳动法》第 13 条规定，妇女享有与男子平等的就业权利。
4. ×，解析：《劳动法》第 15 条第 1 款规定，禁止用人单位招用未满 16 周岁的未成年人。
5. √，解析：《劳动法》第 15 条第 2 款规定，文艺、体育和特种工艺单位招用未满 16 周岁的未成年人，必须遵守国家有关规定，并保障其接受义务教育的权利。
6. √，解析：《劳动法》第 58 条规定，国家对女职工和未成年工实行特殊劳动保护。
7. ×，解析：《劳动法》第 36 条规定，国家实行劳动者每日工作时间不超过 8 小时、平均每周工作时间不超过 44 小时的工时制度。

8. ×，解析：《劳动法》第 46 条规定，工资分配应当遵循按劳分配原则，实行同工同酬。
9. √，解析：《劳动法》第 65 条规定，用人单位应当对未成年工定期进行健康检查。
10. √，解析：《劳动法》第 7 条第 2 款规定，工会代表和维护劳动者的合法权益，依法独立自主地开展活动。

（二）单项选择题

1. D，解析：《劳动法》第 3 条第 1 款规定，劳动者享有平等就业和选择职业的权利、取得劳动报酬的权利、休息休假的权利、获得劳动安全卫生保护的权利、接受职业技能培训的权利、享受社会保险和福利的权利、提请劳动争议处理的权利以及法律规定的其他劳动权利。
2. C，解析：《劳动法》第 3 条第 2 款规定，劳动者应当完成劳动任务，提高职业技能，执行劳动安全卫生规程，遵守劳动纪律和职业道德。
3. C，解析：《劳动法》第 15 条第 1 款规定，禁止用人单位招用未满 16 周岁的未成年人。
4. A，解析：《劳动法》第 36 条规定，国家实行劳动者每日工作时间不超过 8 小时、平均每周工作时间不超过 44 小时的工时制度。
5. C，解析：《劳动法》第 64 条规定，不得安排未成年工从事矿山井下、有毒有害、国家规定的第四级体力劳动强度的劳动和其他禁忌从事的劳动。因此，C 错误。选项 A 正确，《劳动法》第 46 条规定，工资分配应当遵循按劳分配原则，实行同工同酬。选项 B 正确，《劳动法》第 58 条第 2 款规定，未成年工是指年满 16 周岁未满 18 周岁的劳动者。选项 D 正确，《劳动法》第 65 条规定，用人单位应当对未成年工定期进行健康检查。
6. D，解析：《劳动法》第 16 条第 2 款规定，建立劳动关系应当订立劳动合同。
7. A，解析：《劳动法》第 21 条规定，劳动合同可以约定试用期。试用期最长不得超过 6 个月。

（三）多项选择题

1. ABCD，解析：《劳动法》第 3 条第 1 款规定，劳动者享有平等就业和选择职业的权利、取得劳动报酬的权利、休息休假的权利、获得劳动安全卫生保护的权利、接受职业技能培训的权利、享受社会保险和福利的权利、提请劳动争议处理的权利以及法律规定的其他劳动权利。
2. ABCD，解析：《劳动法》第 12 条规定，劳动者就业，不因民族、种族、性别、宗教信仰不同而受歧视。

3. AB，解析：A 正确，《劳动法》第 15 条规定，禁止用人单位招用未满 16 周岁的未成年人。B 正确，《劳动法》第 36 条规定，国家实行劳动者每日工作时间不超过 8 小时、平均每周工作时间不超过 44 小时的工时制度。C 不正确，《劳动法》第 46 条规定，工资分配应当遵循按劳分配原则，实行同工同酬。D 不正确，《劳动法》第 58 条第 2 款规定，未成年工是指年满 16 周岁未满 18 周岁的劳动者。
4. ABCD，解析：《劳动法》第 64 条规定，不得安排未成年工从事矿山井下、有毒有害、国家规定的第四级体力劳动强度的劳动和其他禁忌从事的劳动。
5. ACD，解析：选项 A，《劳动法》第 15 条规定，禁止用人单位招用未满 16 周岁的未成年人。选项 C，《劳动法》第 65 条规定，用人单位应当对未成年工定期进行健康检查。选项 D，《劳动法》第 94 条规定，用人单位非法招用未满 16 周岁的未成年人的，由劳动行政部门责令改正，处以罚款；情节严重的，由市场监督管理部门吊销营业执照。因此，选 ACD。选项 B 本身也是也正确，但是该规定是《义务教育法》的规定，并非《劳动法》上的规定。

（四）填空题

1. 平等就业和选择职业的权利；取得劳动报酬的权利；接受职业技能培训的权利。（《劳动法》第 3 条）
2. 提高职业技能。（《劳动法》第 3 条）
3. 民族、种族、性别、宗教信仰。（《劳动法》第 12 条）
4. 16。（《劳动法》第 15 条）
5. 8；44。（《劳动法》第 36 条）
6. 按劳分配。（《劳动法》第 46 条）
7. 16；18。（《劳动法》第 58 条）
8. 矿山井下；第四级。（《劳动法》第 59 条）
9. 定期。（《劳动法》第 65 条）
10. 劳动行政部门。（《劳动法》第 94 条）
11. 职工大会；职工代表大会。（《劳动法》第 8 条）
12. 平等；不适合妇女的工种或者岗位。（《劳动法》第 13 条）

（五）简答题

1. 答：劳动者的权利包括：（1）平等就业和选择职业的权利；（2）取得劳动报酬的权利；（3）休息休假的权利；（4）获得劳动安全卫生保护的权利；

（5）接受职业技能培训的权利；（6）享受社会保险和福利的权利；（7）提请劳动争议处理的权利；（8）法律规定的其他劳动权利。

劳动者的义务包括：（1）完成劳动任务；（2）提高职业技能；（3）执行劳动安全卫生规程；（4）遵守劳动纪律和职业道德。

2. 答：国家实行劳动者每日工作时间不超过 8 小时、平均每周工作时间不超过 44 小时的工时制度。

3. 答：根据《劳动法》的有关规定，未成年人享有以下保护：

（1）禁止用人单位招用未满 16 周岁的未成年人。

（2）不得安排未成年工从事矿山井下、有毒有害、国家规定的第四级体力劳动强度的劳动和其他禁忌从事的劳动。

（3）用人单位应当对未成年工定期进行健康检查。

（4）用人单位非法招用未满 16 周岁的未成年人的，应当承担法律责任：由劳动行政部门责令改正，处以罚款；情节严重的，由市场监督管理部门吊销营业执照。

（5）用人单位违反本法对女职工和未成年工的保护规定，侵害其合法权益的，由劳动行政部门责令改正，处以罚款；对女职工或者未成年工造成损害的，应当承担赔偿责任。

4. 答：用人单位非法招用未满 16 周岁的未成年人的，由劳动行政部门责令改正，处以罚款；情节严重的，由市场监督管理部门吊销营业执照。

四、未成年人保护法

(一) 判断题

1. 本法所称未成年人是指未满 16 周岁的公民。(　　)
2. 保护未成年人，应当坚持最有利于未成年人的原则。(　　)
3. 市级以上人民政府应当将未成年人保护工作纳入国民经济和社会发展规划。(　　)
4. 未成年人的父母或者其他监护人应当根据未成年人的年龄和智力发展状况，在作出与未成年人权益有关的决定前，听取未成年人的意见，充分考虑其真实意愿。(　　)
5. 未成年人的父母或者其他监护人不得使未满十四周岁的未成年人脱离监护单独生活。(　　)
6. 未成年人的父母离婚时，应当妥善处理未成年子女的抚养、教育、探望、财产等事宜，听取有表达意愿能力未成年人的意见。(　　)
7. 学校应当建立未成年学生保护工作制度，健全学生行为规范，培养未成年学生遵纪守法的良好行为习惯。(　　)
8. 学校、幼儿园的教职员工可以对未成年人实施体罚、变相体罚。(　　)
9. 学校应当关心、爱护未成年学生，不得因家庭、身体、心理、学习能力等情况歧视学生。(　　)
10. 学校不必组织未成年学生参加与其年龄相适应的日常生活劳动、生产劳动和服务性劳动。(　　)
11. 幼儿园、校外培训机构不得对学龄前未成年人进行小学课程教育。(　　)
12. 学校、幼儿园可以与校外培训机构合作为未成年人提供有偿课程辅导。(　　)
13. 学校对学生欺凌行为应当立即制止。(　　)
14. 爱国主义教育基地、图书馆、青少年宫、儿童活动中心、儿童之家应当对未成年人优惠开放。(　　)

15. 国家鼓励科研机构和科技类社会组织对未成年人开展科学普及活动。( )
16. 网络游戏经依法审批后方可运营。( )
17. 网络直播服务提供者不得为未满18周岁的未成年人提供网络直播发布者账号注册服务。( )
18. 对尚未完成义务教育的辍学未成年学生，教育行政部门应当责令父母或者其他监护人将其送入学校接受义务教育。( )
19. 各级人民政府应当保障特殊教育学校、幼儿园的办学、办园条件。( )
20. 各级人民政府及其有关部门对困境未成年人实施分类保障。( )
21. 国家建立性侵害、虐待、拐卖、暴力伤害等违法犯罪人员信息查询系统，向密切接触未成年人的单位提供付费查询服务。( )

(二) 单项选择题

1. 国家建立健全( )，开展未成年人健康、受教育等状况的统计、调查和分析，发布未成年人保护的有关信息。

A. 未成年人健康监测制度　　B. 未成年人统计调查制度

C. 未成年人教育普查制度　　D. 未成年人保护制度

2. 未成年人的父母或者其他监护人应当学习( )知识，接受( )指导，创造良好、和睦、文明的家庭环境。

A. 家庭心理；家庭心理　　B. 家庭文化；家庭文化

C. 家庭教育；家庭教育　　D. 家庭健康；家庭健康

3. 未成年人的父母或者其他监护人不得使未满( )周岁的未成年人脱离监护单独生活。

A. 14　　B. 18

C. 16　　D. 12

4. 学校应当配合政府有关部门建立( )未成年学生、( )未成年学生的信息档案，开展关爱帮扶工作。

A. 留守；困境　　B. 留守；单亲

C. 贫困；困境　　D. 残疾；贫困

5. 根据《未成年人保护法》的规定，公共场所发生突发事件时，应当优先救护(　　)。

A. 未成年人　　B. 妇女

C. 男性　　D. 老年人

6. 办理涉及未成年人案件的人员应当经过专门培训，熟悉未成年人身心特点。专门机构或者专门人员中，应当有(　　)工作人员。

A. 女性　　B. 心理学

C. 年长　　D. 医疗

7. 对违法犯罪的未成年人，实行教育、感化、挽救的方针，坚持(　　)的原则。

A. 教育为重、惩罚为轻　　B. 教育为主、惩罚为辅

C. 教育为先、惩罚为后　　D. 教育为辅、惩罚为主

(三) 多项选择题

1. 国家保障未成年人的(　　)等权利。

A. 生存权　　B. 发展权

C. 受保护权　　D. 参与权

2. 有关部门接到涉及未成年人的(　　)，应当依法及时受理、处置，并以适当方式将处理结果告知相关单位和人员。

A. 检举　　B. 控告

C. 事故　　D. 报告

3. 新闻媒体采访报道涉及未成年人事件应当(　　)，不得侵犯未成年人的名誉、隐私和其他合法权益。

A. 客观　　B. 严谨

C. 审慎　　D. 适度

4. 具有下列哪些情形时，民政部门应当依法对未成年人进行长期监护？

A. 查找不到未成年人的父母或者其他监护人

B. 监护人死亡或者被宣告死亡且无其他人可以担任监护人

C. 监护人丧失监护能力且无其他人可以担任监护人

D. 人民法院判决撤销监护人资格并指定由民政部门担任监护人

5. 公安机关、人民检察院、人民法院办理未成年人遭受(　　)案件，在询问未成年被害人、证人时，应当采取同步录音录像等措施，尽量一次完成；未成年被害人、证人是女性的，应当由女性工作人员进行。

A. 人格侮辱　　B. 性侵害

C. 暴力伤害　　D. 诈骗

(四) 填空题

1. 国家保障未成年人的____、____、____等权利。
2. 未成年人的____或者____依法对未成年人承担____职责。
3. ____人民政府应当将未成年人保护工作纳入国民经济和社会发展规划，相关经费纳入____政府预算。
4. 任何组织或者个人发现不利于未成年人身心健康或者侵犯未成年人合法权益的情形，都有权____、____或者向____、____、____等有关部门提出检举、控告。
5. 国家建立健全____，开展未成年人健康、受教育等状况的统计、调查和分析，发布____的有关信息。
6. 未成年人的____或者____应当根据未成年人的____和____，在作出与未成年人权益有关的决定前，听取未成年人的意见，充分考虑其真实意愿。
7. 未成年人的父母或者其他监护人接到____、____、____、学校、幼儿园等关于未成年人心理、行为异常的通知后，应当及时采取干预措施。
8. 学校应当全面贯彻国家教育方针，坚持____，实施____，提高教育质量。
9. 学校、幼儿园的教职员工应当尊重未成年人____，不得对未成年人实施____、____或者其他侮辱____的行为。
10. 学校应当保障未成年学生____的权利，不得违反国家规定____、____未成年学生。
11. 学校应当根据未成年学生____特点，进行____指导、____辅导、____教育和生命教育。
12. 使用校车的学校、幼儿园应当建立健全____制度，配备____人员，定期对校车进行安全检查，对校车驾驶人进行安全教育。

13. 国家鼓励创作、____、制作和____有利于未成年人健康成长的图书、报刊、电影、____、舞台艺术作品、____、电子出版物和____等。
14. 禁止制作、____、发布、传播或者____有关未成年人的____物品和网络信息。
15. 禁止____、绑架、____、非法____未成年人。

（五）简答题

1. 处理涉及未成年人事项，应当符合哪些要求？
2. 未成年人的父母或者其他监护人应当履行哪些监护职责？
3. 不得被委托代为监护未成年人的情形有哪些？
4. 哪些情形下可以开拆、查阅未成年人的信件、日记、电子邮件或者其他网络通讯内容？
5. 哪些情形下，民政部门应当依法对未成年人进行临时监护？

参考答案

（一）判断题

1. ×，解析：《未成年人保护法》第 2 条，本法所称未成年人是指未满 18 周岁的公民。
2. √，解析：《未成年人保护法》第 4 条，保护未成年人，应当坚持最有利于未成年人的原则。处理涉及未成年人事项，应当符合下列要求：（1）给予未成年人特殊、优先保护；（2）尊重未成年人人格尊严；（3）保护未成年人隐私权和个人信息；（4）适应未成年人身心健康发展的规律和特点；（5）听取未成年人的意见；（6）保护与教育相结合。
3. ×，解析：《未成年人保护法》第 8 条，县级以上人民政府应当将未成年人保护工作纳入国民经济和社会发展规划，相关经费纳入本级政府预算。
4. √，解析：《未成年人保护法》第 19 条，未成年人的父母或者其他监护人应当根据未成年人的年龄和智力发展状况，在作出与未成年人权益有关的决定前，听取未成年人的意见，充分考虑其真实意愿。
5. ×，解析：《未成年人保护法》第 21 条，未成年人的父母或者其他监护人不得使未满 8 周岁或者由于身体、心理原因需要特别照顾的未成年人处于无人看护状态，或者将其交由无民事行为能力、限制民事行为能力、患有严重传染性疾病或者其他不适宜的人员临时照护。未成年人的父母或者其他监护人不得使未满16周岁的未成年人脱离监护单独生活。

6. √，解析：《未成年人保护法》第24条，未成年人的父母离婚时，应当妥善处理未成年子女的抚养、教育、探望、财产等事宜，听取有表达意愿能力未成年人的意见。不得以抢夺、藏匿未成年子女等方式争夺抚养权。未成年人的父母离婚后，不直接抚养未成年子女的一方应当依照协议、人民法院判决或者调解确定的时间和方式，在不影响未成年人学习、生活的情况下探望未成年子女，直接抚养的一方应当配合，但被人民法院依法中止探望权的除外。

7. √，解析：《未成年人保护法》第25条，学校应当全面贯彻国家教育方针，坚持立德树人，实施素质教育，提高教育质量，注重培养未成年学生认知能力、合作能力、创新能力和实践能力，促进未成年学生全面发展。学校应当建立未成年学生保护工作制度，健全学生行为规范，培养未成年学生遵纪守法的良好行为习惯。

8. ×，解析：《未成年人保护法》第27条，学校、幼儿园的教职员工应当尊重未成年人人格尊严，不得对未成年人实施体罚、变相体罚或者其他侮辱人格尊严的行为。

9. √，解析：《未成年人保护法》第29条，学校应当关心、爱护未成年学生，不得因家庭、身体、心理、学习能力等情况歧视学生。对家庭困难、身心有障碍的学生，应当提供关爱；对行为异常、学习有困难的学生，应当耐心帮助。学校应当配合政府有关部门建立留守未成年学生、困境未成年学生的信息档案，开展关爱帮扶工作。

10. ×，解析：《未成年人保护法》第31条，学校应当组织未成年学生参加与其年龄相适应的日常生活劳动、生产劳动和服务性劳动，帮助未成年学生掌握必要的劳动知识和技能，养成良好的劳动习惯。

11. √，解析：《未成年人保护法》第33条，学校应当与未成年学生的父母或者其他监护人互相配合，合理安排未成年学生的学习时间，保障其休息、娱乐和体育锻炼的时间。学校不得占用国家法定节假日、休息日及寒暑假期，组织义务教育阶段的未成年学生集体补课，加重其学习负担。幼儿园、校外培训机构不得对学龄前未成年人进行小学课程教育。

12. ×，解析：《未成年人保护法》第38条，学校、幼儿园不得安排未成年人参加商业性活动，不得向未成年人及其父母或者其他监护人推销或者要求其购买指定的商品和服务。学校、幼儿园不得与校外培训机构合作为未成年人提供有偿课程辅导。

13. √，解析：《未成年人保护法》第 39 条，学校应当建立学生欺凌防控工作制度，对教职员工、学生等开展防治学生欺凌的教育和培训。学校对学生欺凌行为应当立即制止，通知实施欺凌和被欺凌未成年学生的父母或者其他监护人参与欺凌行为的认定和处理；对相关未成年学生及时给予心理辅导、教育和引导；对相关未成年学生的父母或者其他监护人给予必要的家庭教育指导。对实施欺凌的未成年学生，学校应当根据欺凌行为的性质和程度，依法加强管教。对严重的欺凌行为，学校不得隐瞒，应当及时向公安机关、教育行政部门报告，并配合相关部门依法处理。

14. ×，解析：《未成年人保护法》第 44 条，爱国主义教育基地、图书馆、青少年宫、儿童活动中心、儿童之家应当对未成年人免费开放；博物馆、纪念馆、科技馆、展览馆、美术馆、文化馆、社区公益性互联网上网服务场所以及影剧院、体育场馆、动物园、植物园、公园等场所，应当按照有关规定对未成年人免费或者优惠开放。国家鼓励爱国主义教育基地、博物馆、科技馆、美术馆等公共场馆开设未成年人专场，为未成年人提供有针对性的服务。国家鼓励国家机关、企业事业单位、部队等开发自身教育资源，设立未成年人开放日，为未成年人主题教育、社会实践、职业体验等提供支持。国家鼓励科研机构和科技类社会组织对未成年人开展科学普及活动。

15. √，解析：《未成年人保护法》第 44 条，爱国主义教育基地、图书馆、青少年宫、儿童活动中心、儿童之家应当对未成年人免费开放；博物馆、纪念馆、科技馆、展览馆、美术馆、文化馆、社区公益性互联网上网服务场所以及影剧院、体育场馆、动物园、植物园、公园等场所，应当按照有关规定对未成年人免费或者优惠开放。国家鼓励爱国主义教育基地、博物馆、科技馆、美术馆等公共场馆开设未成年人专场，为未成年人提供有针对性的服务。国家鼓励国家机关、企业事业单位、部队等开发自身教育资源，设立未成年人开放日，为未成年人主题教育、社会实践、职业体验等提供支持。国家鼓励科研机构和科技类社会组织对未成年人开展科学普及活动。

16. √，解析：《未成年人保护法》第 75 条，网络游戏经依法审批后方可运营。国家建立统一的未成年人网络游戏电子身份认证系统。网络游戏服务提供者应当要求未成年人以真实身份信息注册并登录网络游戏。网络游戏服务提供者应当按照国家有关规定和标准，对游戏产品进行分类，作出适龄提示，并采取技术措施，不得让未成年人接触不适宜的游戏或者游戏功能。网络游戏服务提供者不得在每日22时至次日8时向未成年人提供网络游戏服务。

17. ×，解析：《未成年人保护法》第76条，网络直播服务提供者不得为未满16周岁的未成年人提供网络直播发布者账号注册服务；为年满16周岁的未成年人提供网络直播发布者账号注册服务时，应当对其身份信息进行认证，并征得其父母或者其他监护人同意。

18. √，解析：《未成年人保护法》第83条，各级人民政府应当保障未成年人受教育的权利，并采取措施保障留守未成年人、困境未成年人、残疾未成年人接受义务教育。对尚未完成义务教育的辍学未成年学生，教育行政部门应当责令父母或者其他监护人将其送入学校接受义务教育。

19. √，解析：《未成年人保护法》第86条，各级人民政府应当保障具有接受普通教育能力、能适应校园生活的残疾未成年人就近在普通学校、幼儿园接受教育；保障不具有接受普通教育能力的残疾未成年人在特殊教育学校、幼儿园接受学前教育、义务教育和职业教育。各级人民政府应当保障特殊教育学校、幼儿园的办学、办园条件，鼓励和支持社会力量举办特殊教育学校、幼儿园。

20. √，解析：《未成年人保护法》第91条，各级人民政府及其有关部门对困境未成年人实施分类保障，采取措施满足其生活、教育、安全、医疗康复、住房等方面的基本需要。

21. ×，解析：《未成年人保护法》第98条，国家建立性侵害、虐待、拐卖、暴力伤害等违法犯罪人员信息查询系统，向密切接触未成年人的单位提供免费查询服务。

（二）单项选择题

1. B，解析：《未成年人保护法》第13条，国家建立健全未成年人统计调查制度，开展未成年人健康、受教育等状况的统计、调查和分析，发布未成年人保护的有关信息。

2. C，解析：《未成年人保护法》第15条，未成年人的父母或者其他监护人应当学习家庭教育知识，接受家庭教育指导，创造良好、和睦、文明的家庭环境。共同生活的其他成年家庭成员应当协助未成年人的父母或者其他监护人抚养、教育和保护未成年人。

3. C，解析：《未成年人保护法》第21条，未成年人的父母或者其他监护人不得使未满八周岁或者由于身体、心理原因需要特别照顾的未成年人处于无人看护状态，或者将其交由无民事行为能力、限制民事行为能力、患有严重传染性疾病或者其他不适宜的人员临时照护。未成年人的父母或者其他监护人不得使未满16周岁的未成年人脱离监护单独生活。
4. A，解析：《未成年人保护法》第29条，学校应当关心、爱护未成年学生，不得因家庭、身体、心理、学习能力等情况歧视学生。对家庭困难、身心有障碍的学生，应当提供关爱；对行为异常、学习有困难的学生，应当耐心帮助。学校应当配合政府有关部门建立留守未成年学生、困境未成年学生的信息档案，开展关爱帮扶工作。
5. A，解析：《未成年人保护法》第56条，未成年人集中活动的公共场所应当符合国家或者行业安全标准，并采取相应安全保护措施。对可能存在安全风险的设施，应当定期进行维护，在显著位置设置安全警示标志并标明适龄范围和注意事项；必要时应当安排专门人员看管。大型的商场、超市、医院、图书馆、博物馆、科技馆、游乐场、车站、码头、机场、旅游景区景点等场所运营单位应当设置搜寻走失未成年人的安全警报系统。场所运营单位接到求助后，应当立即启动安全警报系统，组织人员进行搜寻并向公安机关报告。公共场所发生突发事件时，应当优先救护未成年人。
6. A，解析：《未成年人保护法》第101条，公安机关、人民检察院、人民法院和司法行政部门应当确定专门机构或者指定专门人员，负责办理涉及未成年人案件。办理涉及未成年人案件的人员应当经过专门培训，熟悉未成年人身心特点。专门机构或者专门人员中，应当有女性工作人员。公安机关、人民检察院、人民法院和司法行政部门应当对上述机构和人员实行与未成年人保护工作相适应的评价考核标准。
7. D，解析：《未成年人保护法》第113条，对违法犯罪的未成年人，实行教育、感化、挽救的方针，坚持教育为主、惩罚为辅的原则。对违法犯罪的未成年人依法处罚后，在升学、就业等方面不得歧视。

（三）多项选择题

1. ABCD，解析：《未成年人保护法》第3条，国家保障未成年人的生存权、发展权、受保护权、参与权等权利。未成年人依法平等地享有各项权利，不因本人及其父母或者其他监护人的民族、种族、性别、户籍、职业、宗教信仰、教育程度、家庭状况、身心健康状况等受到歧视。

2. ABD，解析：《未成年人保护法》第 11 条，任何组织或者个人发现不利于未成年人身心健康或者侵犯未成年人合法权益的情形，都有权劝阻、制止或者向公安、民政、教育等有关部门提出检举、控告。国家机关、居民委员会、村民委员会、密切接触未成年人的单位及其工作人员，在工作中发现未成年人身心健康受到侵害、疑似受到侵害或者面临其他危险情形的，应当立即向公安、民政、教育等有关部门报告。有关部门接到涉及未成年人的检举、控告或者报告，应当依法及时受理、处置，并以适当方式将处理结果告知相关单位和人员。
3. ACD，解析：《未成年人保护法》第 49 条，新闻媒体应当加强未成年人保护方面的宣传，对侵犯未成年人合法权益的行为进行舆论监督。新闻媒体采访报道涉及未成年人事件应当客观、审慎和适度，不得侵犯未成年人的名誉、隐私和其他合法权益。
4. ABCD，解析：《未成年人保护法》第 94 条，具有下列情形之一的，民政部门应当依法对未成年人进行长期监护：（1）查找不到未成年人的父母或者其他监护人；（2）监护人死亡或者被宣告死亡且无其他人可以担任监护人；（3）监护人丧失监护能力且无其他人可以担任监护人；（4）人民法院判决撤销监护人资格并指定由民政部门担任监护人；（5）法律规定的其他情形。
5. BC，解析：《未成年人保护法》第 112 条，公安机关、人民检察院、人民法院办理未成年人遭受性侵害或者暴力伤害案件，在询问未成年被害人、证人时，应当采取同步录音录像等措施，尽量一次完成；未成年被害人、证人是女性的，应当由女性工作人员进行。

（四）填空题

1. 生存权；发展权；受保护权；参与权。（《未成年人保护法》第 3 条）
2. 父母；其他监护人；监护。（《未成年人保护法》第 7 条）
3. 县级以上；本级。（《未成年人保护法》第 8 条）
4. 劝阻；制止；公安；民政；教育。（《未成年人保护法》第 11 条）
5. 未成年人统计调查制度；未成年人保护。（《未成年人保护法》第 13 条）
6. 父母；其他监护人；年龄；智力发展状况。（《未成年人保护法》第 19 条）
7. 被委托人；居民委员会；村民委员会。（《未成年人保护法》第 23 条）
8. 立德树人；素质教育。（《未成年人保护法》第 25 条）
9. 人格尊严；体罚；变相体罚；人格尊严。（《未成年人保护法》第 27 条）
10. 受教育；开除；变相开除。（《未成年人保护法》第 28 条）

11. 身心发展；社会生活；心理健康；青春期。（《未成年人保护法》第30条）
12. 校车安全管理；安全管理。（《未成年人保护法》第36条）
13. 出版；传播；广播电视节目；音像制品；网络信息。（《未成年人保护法》第48条）
14. 复制；持有；淫秽色情。（《未成年人保护法》第52条）
15. 拐卖；虐待；收养。（《未成年人保护法》第54条）

（五）简答题

1. 答：处理涉及未成年人事项，应当符合下列要求：（1）给予未成年人特殊、优先保护；（2）尊重未成年人人格尊严；（3）保护未成年人隐私权和个人信息；（4）适应未成年人身心健康发展的规律和特点；（5）听取未成年人的意见；（6）保护与教育相结合。（《未成年人保护法》第4条）
2. 答：未成年人的父母或者其他监护人应当履行下列监护职责：（1）为未成年人提供生活、健康、安全等方面的保障；（2）关注未成年人的生理、心理状况和情感需求；（3）教育和引导未成年人遵纪守法、勤俭节约，养成良好的思想品德和行为习惯；（4）对未成年人进行安全教育，提高未成年人的自我保护意识和能力；（5）尊重未成年人受教育的权利，保障适龄未成年人依法接受并完成义务教育；（6）保障未成年人休息、娱乐和体育锻炼的时间，引导未成年人进行有益身心健康的活动；（7）妥善管理和保护未成年人的财产；（8）依法代理未成年人实施民事法律行为；（9）预防和制止未成年人的不良行为和违法犯罪行为，并进行合理管教；（10）其他应当履行的监护职责。（《未成年人保护法》第16条）
3. 答：具有下列情形之一的，不得作为被委托人：（1）曾实施性侵害、虐待、遗弃、拐卖、暴力伤害等违法犯罪行为；（2）有吸毒、酗酒、赌博等恶习；（3）曾拒不履行或者长期怠于履行监护、照护职责；（4）其他不适宜担任被委托人的情形。（《未成年人保护法》第22条）
4. 答：（1）无民事行为能力未成年人的父母或者其他监护人代未成年人开拆、查阅；（2）因国家安全或者追查刑事犯罪依法进行检查；（3）紧急情况下为了保护未成年人本人的人身安全。（《未成年人保护法》第63条）
5. 答：具有下列情形之一的，民政部门应当依法对未成年人进行临时监护：（1）未成年人流浪乞讨或者身份不明，暂时查找不到父母或者其他监护人；（2）监护人下落不明且无其他人可以担任监护人；（3）监护人因自身客观原因或者因发生自然灾害、事故灾难、公共卫生事件等突发事件不能履行监护职责，导致未成年人监护缺失；（4）监护人拒绝或者怠于履行监护职责，导致未成年人处于无人照料的状态；（5）监护人教唆、利用未成年人实施违法犯罪行为，未成年人需要被带离安置；（6）未成年人遭受监护人严重伤害或者面临人身安全威胁，需要被紧急安置；（7）法律规定的其他情形。（《未成年人保护法》第92条）

五、预防未成年人犯罪法

（一）判断题

1. 预防未成年人犯罪，在各级人民政府组织下，实行综合治理。（　　）
2. 教育行政部门应当会同有关部门建立学生欺凌防控制度。（　　）
3. 教育行政部门应当将预防犯罪教育的工作效果纳入学校季度考核内容。（　　）
4. 对有严重不良行为的未成年人，未成年人的父母或者其他监护人、所在学校无力管教或者管教无效的，可以直接送入专门学校接受专门教育。（　　）
5. 未成年人实施刑法规定的行为、因不满法定刑事责任年龄不予刑事处罚的，不再采取其他矫治措施。（　　）

（二）单项选择题

1. 预防未成年人犯罪，立足于教育和保护未成年人相结合，坚持（　　），对未成年人的不良行为和严重不良行为及时进行分级预防、干预和矫治。

   A. 预防为主、提前干预　　B. 预防为主、惩罚为辅

   C. 教育为主、惩罚为辅　　D. 提前干预、教育为主

2. 国家加强专门学校建设，对有严重不良行为的未成年人进行专门教育。专门学校建设和专门教育具体办法，由（　　）规定。

   A. 教育部　　B. 司法部

   C. 国务院　　D. 公安部

3. 职业培训机构、用人单位在对已满（　　）周岁准备就业的未成年人进行职业培训时，应当将预防犯罪教育纳入培训内容。

   A. 14　　B. 16

   C. 17　　D. 18

4. 公安机关、人民检察院、人民法院对于无固定住所、无法提供保证人的未成年人适用(　　)的，应当指定合适成年人作为保证人，必要时可以安排取保候审的未成年人接受社会观护。

A. 保外就医　　B. 监视居住

C. 拘留　　D. 取保候审

5. (　　)通过依法行使检察权，对未成年人重新犯罪预防工作等进行监督。

A. 人民检察院　　B. 监察委员会

C. 最高人民检察院　　D. 公安机关

（三）多项选择题

1. 未成年人应当遵守法律法规及社会公共道德规范，树立(　　)意识，增强辨别是非和自我保护的能力，自觉抵制各种不良行为以及违法犯罪行为的引诱和侵害。

A. 自爱　　B. 自尊

C. 自律　　D. 自强

2. 下列哪些属于未成年人实施的不利于其健康成长的行为?

A. 吸烟、饮酒　　B. 沉迷网络

C. 参与赌博、变相赌博　　D. 无故夜不归宿、离家出走

3. 专门学校应当对接受专门教育的未成年人分级分类进行教育和矫治，有针对性地开展(　　)教育。

A. 道德教育　　B. 法治教育

C. 心理健康教育　　D. 思想教育

4. 刑满释放和接受社区矫正的未成年人，在(　　)等方面依法享有与其他未成年人同等的权利，任何单位和个人不得歧视。

A. 复学　　B. 升学

C. 参军　　D. 就业

5. 教职员工(　　)未成年人实施不良行为或者严重不良行为，以及品行不良、影响恶劣的，教育行政部门、学校应当依法予以解聘或者辞退。

A. 教唆　　B. 胁迫

C. 引诱　　D. 纵容

（四）填空题

1. 开展预防未成年人犯罪工作，应当尊重未成年人____，保护未成年人的____、____和____等合法权益。
2. 预防未成年人犯罪，应当结合未成年人不同年龄的生理、心理特点，加强____、心理关爱、____和预防犯罪对策的研究。
3. 学校应当聘任从事法治教育的专职或者兼职教师，并可以从司法和执法机关、法学教育和法律服务机构等单位聘请____、____。
4. 学校应当将____计划告知未成年学生的父母或者其他监护人。
5. 学校和家庭应当加强沟通，建立____机制。

（五）简答题

1. 简述各级人民政府在预防未成年人犯罪方面的工作职责。
2. 对有不良行为的未成年学生，学校可以采取哪些管理教育措施？
3. 对有严重不良行为的未成年人，公安机关可以采取哪些矫治教育措施？

参考答案

（一）判断题

1. √，解析：《预防未成年人犯罪法》第 4 条，预防未成年人犯罪，在各级人民政府组织下，实行综合治理。国家机关、人民团体、社会组织、企业事业单位、居民委员会、村民委员会、学校、家庭等各负其责、相互配合，共同做好预防未成年人犯罪工作，及时消除滋生未成年人违法犯罪行为的各种消极因素，为未成年人身心健康发展创造良好的社会环境。
2. √，解析：《预防未成年人犯罪法》第 20 条，教育行政部门应当会同有关部门建立学生欺凌防控制度。学校应当加强日常安全管理，完善学生欺凌发现和处置的工作流程，严格排查并及时消除可能导致学生欺凌行为的各种隐患。
3. ×，解析：《预防未成年人犯罪法》第 23 条，教育行政部门应当将预防犯罪教育的工作效果纳入学校年度考核内容。
4. ×，解析：《预防未成年人犯罪法》第 43 条，对有严重不良行为的未成年人，未成年人的父母或者其他监护人、所在学校无力管教或者管教无效的，可以向教育行政部门提出申请，经专门教育指导委员会评估同意后，由教育行政部门决定送入专门学校接受专门教育。

5. ×，解析：《预防未成年人犯罪法》第45条，未成年人实施刑法规定的行为、因不满法定刑事责任年龄不予刑事处罚的，经专门教育指导委员会评估同意，教育行政部门会同公安机关可以决定对其进行专门矫治教育。省级人民政府应当结合本地的实际情况，至少确定一所专门学校按照分校区、分班级等方式设置专门场所，对前款规定的未成年人进行专门矫治教育。前款规定的专门场所实行闭环管理，公安机关、司法行政部门负责未成年人的矫治工作，教育行政部门承担未成年人的教育工作。

（二）单项选择题

1. A，解析：《预防未成年人犯罪法》第2条，预防未成年人犯罪，立足于教育和保护未成年人相结合，坚持预防为主、提前干预，对未成年人的不良行为和严重不良行为及时进行分级预防、干预和矫治。
2. C，解析：《预防未成年人犯罪法》第6条，国家加强专门学校建设，对有严重不良行为的未成年人进行专门教育。专门教育是国民教育体系的组成部分，是对有严重不良行为的未成年人进行教育和矫治的重要保护处分措施。省级人民政府应当将专门教育发展和专门学校建设纳入经济社会发展规划。县级以上地方人民政府成立专门教育指导委员会，根据需要合理设置专门学校。专门教育指导委员会由教育、民政、财政、人力资源社会保障、公安、司法行政、人民检察院、人民法院、共产主义青年团、妇女联合会、关心下一代工作委员会、专门学校等单位，以及律师、社会工作者等人员组成，研究确定专门学校教学、管理等相关工作。专门学校建设和专门教育具体办法，由国务院规定。
3. B，解析：《预防未成年人犯罪法》第27条，职业培训机构、用人单位在对已满16周岁准备就业的未成年人进行职业培训时，应当将预防犯罪教育纳入培训内容。
4. D，解析：《预防未成年人犯罪法》第52条，公安机关、人民检察院、人民法院对于无固定住所、无法提供保证人的未成年人适用取保候审的，应当指定合适成年人作为保证人，必要时可以安排取保候审的未成年人接受社会观护。
5. A，解析：《预防未成年人犯罪法》第60条，人民检察院通过依法行使检察权，对未成年人重新犯罪预防工作等进行监督。

（三）多项选择题

1. BCD，解析：《预防未成年人犯罪法》第 11 条，未成年人应当遵守法律法规及社会公共道德规范，树立自尊、自律、自强意识，增强辨别是非和自我保护的能力，自觉抵制各种不良行为以及违法犯罪行为的引诱和侵害。
2. ABCD，解析：《预防未成年人犯罪法》第 28 条，本法所称不良行为，是指未成年人实施的不利于其健康成长的下列行为：（1）吸烟、饮酒；（2）多次旷课、逃学；（3）无故夜不归宿、离家出走；（4）沉迷网络；（5）与社会上具有不良习性的人交往，组织或者参加实施不良行为的团伙；（6）进入法律法规规定未成年人不宜进入的场所；（7）参与赌博、变相赌博，或者参加封建迷信、邪教等活动；（8）阅览、观看或者收听宣扬淫秽、色情、暴力、恐怖、极端等内容的读物、音像制品或者网络信息等；（9）其他不利于未成年人身心健康成长的不良行为。
3. ABC，解析：《预防未成年人犯罪法》第 47 条，专门学校应当对接受专门教育的未成年人分级分类进行教育和矫治，有针对性地开展道德教育、法治教育、心理健康教育，并根据实际情况进行职业教育；对没有完成义务教育的未成年人，应当保证其继续接受义务教育。专门学校的未成年学生的学籍保留在原学校，符合毕业条件的，原学校应当颁发毕业证书。
4. ABD，解析：《预防未成年人犯罪法》第 58 条，刑满释放和接受社区矫正的未成年人，在复学、升学、就业等方面依法享有与其他未成年人同等的权利，任何单位和个人不得歧视。
5. ABC，解析：《预防未成年人犯罪法》第 62 条，学校及其教职员工违反本法规定，不履行预防未成年人犯罪工作职责，或者虐待、歧视相关未成年人的，由教育行政等部门责令改正，通报批评；情节严重的，对直接负责的主管人员和其他直接责任人员依法给予处分。构成违反治安管理行为的，由公安机关依法予以治安管理处罚。教职员工教唆、胁迫、引诱未成年人实施不良行为或者严重不良行为，以及品行不良、影响恶劣的，教育行政部门、学校应当依法予以解聘或者辞退。

（四）填空题

1. 人格尊严；名誉权；隐私权；个人信息。（《预防未成年人犯罪法》第 3 条）
2. 青春期教育；心理矫治。（《预防未成年人犯罪法》第 12 条）
3. 法治副校长；校外法治辅导员。（《预防未成年人犯罪法》第 18 条）

4. 预防犯罪教育。(《预防未成年人犯罪法》第 22 条)
5. 家校合作。(《预防未成年人犯罪法》第 32 条)

(五) 简答题

1. 答：各级人民政府在预防未成年人犯罪方面的工作职责是：(1) 制定预防未成年人犯罪工作规划；(2) 组织公安、教育、民政、文化和旅游、市场监督管理、网信、卫生健康、新闻出版、电影、广播电视、司法行政等有关部门开展预防未成年人犯罪工作；(3) 为预防未成年人犯罪工作提供政策支持和经费保障；(4) 对本法的实施情况和工作规划的执行情况进行检查；(5) 组织开展预防未成年人犯罪宣传教育；(6) 其他预防未成年人犯罪工作职责。(《预防未成年人犯罪法》第 5 条)
2. 答：学校对有不良行为的未成年学生，应当加强管理教育，不得歧视；对拒不改正或者情节严重的，学校可以根据情况予以处分或者采取以下管理教育措施：(1) 予以训导；(2) 要求遵守特定的行为规范；(3) 要求参加特定的专题教育；(4) 要求参加校内服务活动；(5) 要求接受社会工作者或者其他专业人员的心理辅导和行为干预；(6) 其他适当的管理教育措施。(《预防未成年人犯罪法》第 31 条)
3. 答：对有严重不良行为的未成年人，公安机关可以根据具体情况，采取以下矫治教育措施：(1) 予以训诫；(2) 责令赔礼道歉、赔偿损失；(3) 责令具结悔过；(4) 责令定期报告活动情况；(5) 责令遵守特定的行为规范，不得实施特定行为、接触特定人员或者进入特定场所；(6) 责令接受心理辅导、行为矫治；(7) 责令参加社会服务活动；(8) 责令接受社会观护，由社会组织、有关机构在适当场所对未成年人进行教育、监督和管束；(9) 其他适当的矫治教育措施。(《预防未成年人犯罪法》第 41 条)

六、治安管理处罚法

（一）判断题

1.《治安管理处罚法》的立法目的是维护社会治安秩序，保障公共安全，保护公民、法人和其他组织的合法权益，规范和保障公安机关及其人民警察依法履行治安管理职责。(　　)

2. 治安管理处罚的程序，适用本法的规定；本法没有规定的，适用《行政处罚法》的有关规定。(　　)

3. 在中华人民共和国船舶和航空器内发生的违反治安管理行为，一律适用《治安管理处罚法》。(　　)

4. 实施治安管理处罚，应当公开、公正，尊重和保障人权，保护公民的人格尊严。(　　)

5. 办理治安案件应当坚持教育与处罚相结合的原则。(　　)

6. 治安案件的管辖由地方公安部门规定。(　　)

7. 违反治安管理的行为对他人造成损害的，行为人或者其监护人应当依法承担刑事责任。(　　)

8. 治安管理处罚的种类分为：警告和罚款。(　　)

9. 违反治安管理所得的财物，追缴退还被侵害人。(　　)

10. 已满 14 周岁不满 18 周岁的人违反治安管理的，从轻或者减轻处罚。(　　)

11. 精神病人违反治安管理的，不予处罚。(　　)

12. 醉酒的人违反治安管理的，应当给予处罚。(　　)

13. 行政拘留处罚合并执行的，最长不超过 15 日。(　　)

14. 教唆、胁迫、诱骗他人违反治安管理的，按照其教唆、胁迫、诱骗的行为处罚。(　　)

15. 出于他人胁迫或者诱骗，违反治安管理的，一律不予处罚。(　　)

16. 违反治安管理行为在 6 个月内没有被公安机关发现的，不再处罚。(　　)

17. 破坏依法进行的选举秩序的，情节较重的，处警告或者 200 元以下罚款。（　　）
18. 因扰乱体育比赛秩序被处以拘留处罚的，可以同时责令其 12 个月内不得进入体育场馆观看同类比赛。（　　）
19. 扬言实施放火、爆炸、投放危险物质扰乱公共秩序，情节较轻的，处 5 日以下拘留或者 500 元以下罚款。（　　）
20. 结伙斗殴的，处 10 日以上 15 日以下拘留，可以并处 1000 元以下罚款。（　　）
21. 冒用宗教、气功名义进行扰乱社会秩序、损害他人身体健康活动的，追究刑事责任。（　　）
22. 违反国家规定，侵入计算机信息系统，造成危害的，处 5 日以下拘留。（　　）
23. 违反国家规定，制造传染病病原体等危险物质的，处 10 日以上 15 日以下拘留；情节较轻的，处 5 日以上 10 日以下拘留。（　　）
24. 爆炸性危险物质被盗、被抢或者丢失，未按规定报告的，处 5 日以下拘留。（　　）
25. 非法携带枪支、弹药或者弩、匕首等国家规定的管制器具进入公共场所或者公共交通工具的，处 15 日以下拘留。（　　）
26. 盗窃、损毁油气管道设施等公共设施的，处 10 日以上 15 日以下拘留。（　　）
27. 擅自进入铁路防护网或者火车来临时在铁路线路上行走坐卧、抢越铁路，影响行车安全的，处警告或者 200 元以下罚款。（　　）
28. 举办文化、体育等大型群众性活动，违反有关规定，有发生安全事故危险的，对组织者处 1000 元以下罚款并拘留。（　　）
29. 组织、胁迫、诱骗不满 16 周岁的人或者残疾人进行恐怖、残忍表演的，处 10 日以上 15 日以下拘留，并处 500 元以上 1000 元以下罚款。（　　）
30. 胁迫、诱骗或者利用他人乞讨的，处 15 日以下拘留，不能并处罚款。（　　）
31. 偷窥、偷拍、窃听、散布他人隐私的，处 5 日以下拘留或者 500 元以下罚款。（　　）

32. 殴打他人的，或者故意伤害他人身体的，处 5 日以上 10 日以下拘留，并处 200 元以下罚款。(　　)
33. 猥亵他人的，处 15 日拘留。(　　)
34. 强买强卖商品，强迫他人提供服务或者强迫他人接受服务的，处 5 日以上 10 日以下拘留，并处 200 元以上 500 元以下罚款。(　　)
35. 冒领、隐匿、毁弃、私自开拆或者非法检查他人邮件的，处 5 日以下拘留或者 500 元以下罚款。(　　)
36. 阻碍人民警察依法执行职务的，从重处罚。(　　)
37. 冒充国家机关工作人员或者以其他虚假身份招摇撞骗，情节较轻的，处 5 日以下拘留或者 200 元以下罚款。(　　)
38. 买卖或者使用伪造、变造的国家机关、人民团体、企业、事业单位或者其他组织的公文、证件、证明文件的，处 10 日以上 15 日以下拘留，可以并处 1000 元以下罚款。(　　)
39. 船舶擅自进入、停靠国家禁止、限制进入的水域或者岛屿的，对船舶负责人及有关责任人员处 500 元以下罚款。(　　)
40. 取得公安机关许可的经营者，违反国家有关管理规定，情节严重的，公安机关可以吊销许可证。(　　)
41. 煽动、策划非法集会、游行、示威，不听劝阻的，处 10 日以上 15 日以下拘留。(　　)
42. 旅馆业的工作人员对住宿的旅客不按规定登记姓名、身份证件种类和号码的，或者明知住宿的旅客将危险物质带入旅馆，不予制止的，处 200 元以上 500 元以下罚款。(　　)
43. 房屋出租人将房屋出租给无身份证件的人居住的，或者不按规定登记承租人姓名、身份证件种类和号码的，处 200 元以下罚款。(　　)
44. 违反关于社会生活噪声污染防治的法律规定，制造噪声干扰他人正常生活的，处警告。(　　)
45. 明知是赃物而窝藏、转移或者代为销售的，处 15 日拘留。(　　)
46. 协助组织或者运送他人偷越国（边）境的，处 10 日以上 15 日以下拘留，并处 1000 元以上 5000 元以下罚款。(　　)
47. 偷越国（边）境的，处 5 日以下拘留或者 500 元以下罚款。(　　)

48. 在公共场所拉客招嫖的，处5日以下拘留或者500元以下罚款。（　　）
49. 引诱、容留、介绍他人卖淫的，处10日以上15日以下拘留，可以并处5000元以下罚款。（　　）
50. 制作淫秽物品或者利用计算机信息网络、电话以及其他通讯工具传播淫秽信息的，处10日以下拘留。（　　）
51. 参与聚众淫乱活动的，处10日以上15日以下拘留，并处500元以下罚款。（　　）
52. 以营利为目的，为赌博提供条件的，或者参与赌博赌资较大的，处5日以下拘留或者5000元以下罚款。（　　）
53. 非法运输、买卖、储存、使用少量罂粟壳，在成熟前自行铲除的，不予处罚。（　　）
54. 教唆、引诱、欺骗他人吸食、注射毒品的，处10日以上15日以下拘留，并处500元以上2000元以下罚款。（　　）
55. 旅馆业、饮食服务业、文化娱乐业、出租汽车业等单位的人员，在公安机关查处吸毒、赌博、卖淫、嫖娼活动时，为违法犯罪行为人通风报信的，处10日以下拘留。（　　）
56. 饲养动物，干扰他人正常生活的，处警告。（　　）
57. 公安机关对报案、控告、举报或者违反治安管理行为人主动投案，以及其他行政主管部门、司法机关移送的违反治安管理案件，应当及时受理，并进行登记。（　　）
58. 公安机关受理报案、控告、举报、投案后，认为属于违反治安管理行为的，可以进行调查。（　　）
59. 以非法手段收集的证据不得作为处罚的根据。（　　）
60. 公安机关及其人民警察在办理治安案件时，对涉及的国家秘密、商业秘密或者个人隐私，应当予以保密。（　　）
61. 人民警察是本案当事人或者当事人的近亲属的，应当回避。（　　）
62. 对违反治安管理行为人，人民警察不能口头传唤。（　　）
63. 对违反治安管理行为人，公安机关传唤后应当及时询问查证，询问查证的时间不得超过8小时。（　　）
64. 询问笔录可以不交被询问人核对。（　　）

65. 询问不满 16 周岁的违反治安管理行为人，应当通知其父母或者其他监护人到场。(　　)
66. 询问聋哑的违反治安管理行为人、被侵害人或者其他证人，应当有通晓手语的人提供帮助，并在笔录上注明。(　　)
67. 检查妇女的身体，应当由女性工作人员进行。(　　)
68. 对扣押的物品，应当妥善保管，不得挪作他用。(　　)
69. 治安管理处罚只能由县级以上人民政府公安机关决定。(　　)
70. 限制人身自由 1 日，折抵行政拘留 1 日。(　　)
71. 公安机关无须听取违反治安管理行为人的意见。(　　)
72. 公安机关作出治安管理处罚决定的，应当制作治安管理处罚决定书。(　　)
73. 公安机关办理治安案件的期限，自受理之日起不得超过 15 日。(　　)
74. 当场作出治安管理处罚决定的，人民警察应当向违反治安管理行为人出示工作证件，并填写处罚决定书。(　　)
75. 被处罚人对治安管理处罚决定不服的，可以依法申请行政复议或者提起行政诉讼。(　　)
76. 对被决定给予行政拘留处罚的人，由作出决定的公安机关送达拘留所执行。(　　)
77. 受到罚款处罚的人应当自收到处罚决定书之日起 15 日内，到派出所缴纳罚款。(　　)
78. 人民警察当场收缴的罚款，应当自收缴罚款之日起 2 日内，交至所属的公安机关。(　　)
79. 被处罚人不服行政拘留处罚决定，申请行政复议、提起行政诉讼的，可以向公安机关提出暂缓执行行政拘留的申请。(　　)
80. 担保人应当在当地有住所。(　　)
81. 担保人不履行担保义务，致使被担保人逃避行政拘留处罚的执行的，由公安机关对其处 2000 元以下罚款。(　　)
82. 行政拘留的处罚决定被撤销，公安机关收取的保证金应当及时退还交纳人。(　　)
83. 公安机关及其人民警察办理治安案件，禁止对违反治安管理行为人打

骂、虐待或者侮辱。(　　)

84. 公安机关及其人民警察办理治安案件，应当自觉接受社会和公民的监督。(　　)

85. 公安机关依法实施罚款处罚，应当依照有关法律、行政法规的规定，实行罚款决定与罚款收缴一体。(　　)

86. 人民警察办理治安案件，有刑讯逼供行为的，依法给予行政处分；构成犯罪的，依法追究刑事责任。(　　)

87. 公安机关及其人民警察违法行使职权，侵犯公民、法人和其他组织合法权益的，应当赔礼道歉；造成损害的，应当依法承担赔偿责任。(　　)

(二) 单项选择题

1. 在中华人民共和国船舶和航空器内发生的违反治安管理行为，除(　　)有特别规定的外，适用本法。

A. 法律　　B. 法规

C. 行政规章　　D. 地方法规

2. 在中华人民共和国(　　)内发生的违反治安管理行为，除法律有特别规定的外，适用本法。

A. 国境　　B. 关境

C. 领域　　D. 地域

3. 办理治安案件应当坚持(　　)的原则。

A. 严厉惩处　　B. 批评与教育

C. 维护社会正义　　D. 教育与处罚相结合

4. (　　)应当加强社会治安综合治理，采取有效措施，化解社会矛盾，增进社会和谐，维护社会稳定。

A. 各个社会团体　　B. 各级人民政府

C. 中央人民政府　　D. 基层社会组织

5. 各级人民政府应当加强社会治安综合治理，采取有效措施，化解社会矛盾，增进社会和谐，维护(　　)。

A. 社会正义　　B. 社会繁荣

C. 社会平等　　D. 社会稳定

6. (　　)负责全国的治安管理工作。县级以上地方各级人民政府公安机关负责本行政区域内的治安管理工作。

A. 最高人民法院　　B. 最高人民检察院

C. 国务院公安部门　　D. 国家监察机关

7. 对于因民间纠纷引起的打架斗殴或者损毁他人财物等违反治安管理行为，情节较轻的，公安机关可以调解处理。经公安机关调解，当事人达成协议的，(　　)。经调解未达成协议或者达成协议后不履行的，公安机关应当依照本法的规定对违反治安管理行为人给予处罚，并告知当事人可以就民事争议依法向人民法院提起民事诉讼。

A. 不予处罚　　B. 从轻处罚

C. 从重处罚　　D. 依法拘留

8. 已满(　　)不满 18 周岁的人违反治安管理的，从轻或者减轻处罚；不满 14 周岁的人违反治安管理的，不予处罚，但是应当责令其监护人严加管教。

A. 16 周岁　　B. 12 周岁

C. 14 周岁　　D. 10 周岁

9. 精神病人在不能辨认或者不能控制自己行为的时候违反治安管理的，(　　)，但是应当责令其监护人严加看管和治疗。间歇性的精神病人在精神正常的时候违反治安管理的，应当给予处罚。

A. 加重处罚　　B. 从重处罚

C. 从轻处罚　　D. 不予处罚

10. 醉酒的人违反治安管理的，应当(　　)。

A. 给予处罚　　B. 减轻处罚

C. 从轻处罚　　D. 不予处罚

11. 有两种以上违反治安管理行为的，分别决定，合并执行。行政拘留处罚合并执行的，最长不超过(　　)。

A. 15 日　　B. 20 日

C. 25 日　　D. 30 日

12. 共同违反治安管理的，根据违反治安管理行为人在违反治安管理行为中所起的作用，(　　)处罚。

A. 从轻处罚　　B. 从重处罚

C. 分别处罚　　D. 共同处罚

13. 违反治安管理行为人 70 周岁以上的，依照本法应当给予行政拘留处罚的，(　　)行政拘留处罚。

A. 暂缓执行　　B. 中止执行

C. 减轻执行　　D. 不执行

14. 违反治安管理行为在(　　)内没有被公安机关发现的，不再处罚。

A. 3 个月　　B. 6 个月

C. 1 年　　D. 5 年

15. 破坏依法进行的选举秩序的，(　　)。

A. 只能单处警告

B. 只能单处 200 元以下罚款

C. 处警告或者 500 元以下罚款

D. 处警告或者 200 元以下罚款

16. 强行进入场内，扰乱文化、体育等大型群众性活动秩序的，(　　)。

A. 处警告，并处 200 元以下罚款

B. 只能处警告

C. 只能罚款

D. 处警告或者 200 元以下罚款

17. 散布谣言，扰乱公共秩序，情节较轻的，处(　　)。

A. 15 日以下拘留　　B. 5 日以下拘留

C. 200 元以下罚款　　D. 警告

18. 结伙斗殴，情节较重的，处(　　)。

A. 5 日以上 10 日以下拘留，不能并处罚款

B. 5 日以上 10 日以下拘留，并处 500 元以下罚款

C. 10 日以上 15 日以下拘留，不能并处罚款

D. 10 日以上 15 日以下拘留，可以并处 1000 元以下罚款

19. 煽动他人从事邪教、会道门活动或者利用邪教、会道门、迷信活动，扰乱社会秩序、损害他人身体健康的，处(　　)。

A. 5 日以上 10 日以下拘留

B. 500元以下罚款

C. 10日以上15日以下拘留，可以并处1000元以下罚款

D. 15日拘留

20. 违反国家规定，侵入计算机信息系统，造成危害的，处(　　)。

A. 10日以下拘留　　B. 200元以下罚款

C. 500元以下罚款　　D. 5日以下拘留

21. 爆炸性、毒害性、放射性、腐蚀性物质或者传染病病原体等危险物质被盗、被抢或者丢失，(　　)，处5日以下拘留；故意隐瞒不报的，处5日以上10日以下拘留。

A. 未及时找回的　　B. 未按规定报告的

C. 未整改的　　D. 未按规定检查的

22. 非法携带枪支、弹药或者弩、匕首等国家规定的管制器具的，处5日以下拘留，可以并处(　　)元以下罚款；情节较轻的，处警告或者200元以下罚款。

A. 10000　　B. 5000

C. 1000　　D. 500

23. 盗窃、损坏、擅自移动使用中的航空设施，或者强行进入航空器(　　)的，处10日以上15日以下拘留。

A. 货运仓　　B. 卫生间

C. 安全舱　　D. 驾驶舱

24. 擅自进入铁路防护网或者火车来临时在铁路线路上行走坐卧、抢越铁路，影响(　　)，处警告或者200元以下罚款。

A. 行车秩序　　B. 行车稳定

C. 行车安全　　D. 行车路线

25. 旅馆、饭店、影剧院、娱乐场、运动场、展览馆或者其他供社会公众活动的场所的(　　)，违反安全规定，致使该场所有发生安全事故危险，经公安机关责令改正，拒不改正的，处5日以下拘留。

A. 股东　　B. 法定代表人

C. 经营管理人员　　D. 人员

26. 胁迫、诱骗或者利用他人乞讨的，处 10 日以上 15 日以下拘留，可以并处(　　)以下罚款。

A. 500 元　　B. 1000 元

C. 5000 元　　D. 10000 元

27. 下列哪一行为，不能处 5 日以下拘留或者警告？

A. 反复纠缠　　B. 强行讨要

C. 卖艺讨要　　D. 以滋扰他人的方式讨要

28. 猥亵(　　)，或者在公共场所故意裸露身体，情节恶劣的，处 5 日以上 10 日以下拘留。

A. 妇女　　B. 儿童

C. 老人　　D. 他人

29. 虐待家庭成员，被虐待人要求处理的，处(　　)以下拘留或者警告。

A. 15 日　　B. 10 日

C. 5 日　　D. 3 日

30. 强买强卖商品，强迫他人提供服务或者强迫他人接受服务的，处 5 日以上 10 日以下拘留，并处 200 元以上 500 元以下罚款；情节较轻的，处 5 日以下拘留或者(　　)以下罚款。

A. 100 元　　B. 200 元

C. 500 元　　D. 1000 元

31. 冒领、隐匿、毁弃、私自开拆或者非法检查他人邮件的，处(　　)以下拘留或者 500 元以下罚款。

A. 5 日　　B. 7 日

C. 10 日　　D. 15 日

32. 盗窃、诈骗、哄抢、抢夺、敲诈勒索或者故意损毁(　　)的，处 5 日以上 10 日以下拘留，可以并处 500 元以下罚款；情节较重的，处 10 日以上 15 日以下拘留，可以并处 1000 元以下罚款。

A. 公共财物　　B. 他人财物

C. 公私财物　　D. 家庭财物

33. 冒充军警人员招摇撞骗的，(　　)。

A. 加重处罚　　B. 严厉处罚

C. 从重处罚　　D. 给予处罚

34. 船舶擅自进入、停靠国家禁止、限制进入的水域或者岛屿的，对(　　)及有关责任人员处500元以上1000元以下罚款；情节严重的，处5日以下拘留，并处500元以上1000元以下罚款。

A. 船舶所有人　　B. 船舶负责人

C. 船舶承租人　　D. 船舶出租人

35. 旅馆业的工作人员明知住宿的旅客是(　　)或者被公安机关通缉的人员，不向公安机关报告的，处200元以上500元以下罚款。

A. 有犯罪记录的人员　　B. 有违法行为的人员

C. 犯罪嫌疑人员　　D. 有人身危险性的人员

36. 房屋出租人将房屋出租给(　　)的人居住的，或者不按规定登记承租人姓名、身份证件种类和号码的，处200元以上500元以下罚款。

A. 来历不明　　B. 无身份证件

C. 非本市户口　　D. 无核酸检测证明

37. 违反关于社会生活噪声污染防治的法律规定，制造噪声干扰他人正常生活的，处警告；警告后不改正的，处(　　)。

A. 拘留　　B. 200元以上500元以下罚款

C. 500元以上1000元以下罚款　　D. 5日以上10日以下拘留

38. 收购(　　)的，处500元以上1000元以下罚款；情节严重的，处5日以上10日以下拘留，并处500元以上1000元以下罚款。

A. 金条

B. 海洛因

C. 茅台

D. 公安机关通报寻查的赃物或者有赃物嫌疑的物品

39. 协助组织或者运送他人偷越国（边）境的，处(　　)，并处1000元以上5000元以下罚款。

A. 5日以上10日以下拘留　　B. 10日以上15日以下拘留

C. 5日以下拘留　　D. 警告

40. (　　)他人机动车的，处500元以上1000元以下罚款；情节严重的，处10日以上15日以下拘留，并处500元以上1000元以下罚款。

A. 毁坏　　B. 偷开

C. 挪动　　D. 触碰

41. 故意破坏、污损他人(　　)，处5日以上10日以下拘留；情节严重的，处10日以上15日以下拘留，可以并处1000元以下罚款。

A. 自行车　　B. 摩托车

C. 坟墓　　D. 房屋

42. 在(　　)拉客招嫖的，处5日以下拘留或者500元以下罚款。

A. 私人平房　　B. 私人别墅

C. 私人游艇　　D. 公共场所

43. 引诱、容留、介绍他人(　　)的，处10日以上15日以下拘留，可以并处5000元以下罚款；情节较轻的，处5日以下拘留或者500元以下罚款。

A. 吸烟　　B. 卖淫

C. 贩卖盗版光盘　　D. 拐卖人口

44. 利用计算机信息网络、电话以及其他通讯工具传播(　　)的，处10日以上15日以下拘留，可以并处3000元以下罚款；情节较轻的，处5日以下拘留或者500元以下罚款。

A. 虚假信息　　B. 股票信息

C. 淫秽信息　　D. 邪教信息

45. 组织播放(　　)的，处10日以上15日以下拘留，并处500元以上1000元以下罚款。

A. 盗版光盘　　B. 未上映电影

C. 宗教宣传片　　D. 淫秽音像

46. 以(　　)为目的，为赌博提供条件的，处5日以下拘留或者500元以下罚款；情节严重的，处10日以上15日以下拘留，并处500元以上3000元以下罚款。

A. 娱乐　　B. 寻求刺激

C. 营利　　D. 追求荣誉

47. 非法持有鸦片不满(　　)，处10日以上15日以下拘留，可以并处2000元以下罚款；情节较轻的，处5日以下拘留或者500元以下罚款。

A. 10克　　B. 50克

C. 100克　　D. 200克

48. 教唆、引诱、欺骗他人(　　)的，处10日以上15日以下拘留，并处500元以上2000元以下罚款。

A. 注射葡萄糖　　B. 吸烟

C. 注射毒品　　D. 注射兴奋剂

49. 公安机关对报案、控告、举报或者违反治安管理行为人(　　)，以及其他行政主管部门、司法机关移送的违反治安管理案件，应当及时受理，并进行登记。

A. 被动投案　　B. 主动投案

C. 被逮捕　　D. 被抓获

50. 公安机关受理报案后，认为属于违反治安管理行为的，应当如何处理？(　　)

A. 立即进行调查

B. 首先询问报案人

C. 告知报案人受理，并说明理由

D. 立即抓获嫌疑人

51. 下列哪一证据可以作为处罚的根据？(　　)

A. 以合法手段收集的涉及当事人隐私的证据

B. 以刑讯逼供手段收集的证据

C. 采用威胁手段收集的证据

D. 采取引诱、欺骗等手段收集的证据

52. 人民警察在办理治安案件过程中，发生下列哪一情形的，应当回避？(　　)

A. 是本案当事人的远房亲戚

B. 本人的远房亲戚与本案有利害关系

C. 与本案当事人有其他关系，不会影响案件公正处理

D. 是本案当事人

53. 关于传唤违反治安管理行为人接受调查，下列哪一说法是错误的？(　　)

A. 经公安机关办案部门负责人批准，使用传唤证传唤

B. 不能口头传唤

C. 对现场发现的违反治安管理行为人，人民警察经出示工作证件，可以口头传唤

D. 口头传唤的，应当在询问笔录中注明

54. 关于询问查证，下列哪一说法是错误的？（　　）

A. 对违反治安管理行为人，公安机关传唤后应当及时询问查证

B. 询问查证的时间一般不得超过 8 小时

C. 情况复杂的，询问查证的时间不得超过 24 小时

D. 情况复杂，依照本法规定可能适用行政拘留处罚的，询问查证的时间不得超过 24 小时

55. 询问不满（　　）周岁的违反治安管理行为人，应当通知其父母或者其他监护人到场。

A. 6　　B. 8

C. 10　　D. 16

56. 关于询问被侵害人或者其他证人的程序，下列哪一说法是错误的？（　　）

A. 可以到其所在单位或者住处进行

B. 必要时，也可以通知其到公安机关提供证言

C. 在公安机关以外询问被侵害人或者其他证人，应当出示工作证件

D. 询问被侵害人或者其他证人，无需将询问笔录交其核对

57. 公安机关对与违反治安管理行为有关的场所、物品、人身可以进行检查时，人民警察不得少于（　　）人。

A. 1　　B. 2

C. 3　　D. 4

58. 公安机关办理治安案件，可以扣押下列哪一物品？（　　）

A. 与案件有关的需要作为证据的物品

B. 被侵害人合法占有的财产

C. 善意第三人合法占有的财产

D. 与案件无关的物品

59. 治安管理处罚由（　　）决定。

A. 县级以上人民政府　　B. 公安部

C. 派出所　　D. 县级以上人民政府公安机关

60. 限制人身自由1日，折抵行政拘留(　　)。

A. 1日　　B. 2日

C. 3日　　D. 4日

61. 下列哪一情形下，公安机关不能作出治安管理处罚决定?(　　)

A. 没有本人陈述

B. 没有本人陈述，但其他证据能够证明案件事实

C. 只有本人陈述，没有其他证据证明

D. 不仅有本人陈述，还有其他证据证明

62. 关于治安管理处罚决定的作出，下列哪一说法是错误的?(　　)

A. 公安机关作出治安管理处罚决定前，应当告知违反治安管理行为人作出治安管理处罚的事实、理由及依据

B. 违反治安管理行为人有权陈述和申辩

C. 公安机关无须听取违反治安管理行为人的意见

D. 对违反治安管理行为人提出的事实、理由和证据，应当进行复核

63. 公安机关作出治安管理处罚决定的，应当制作(　　)。

A. 行政处罚决定书　　B. 治安管理处罚裁定书

C. 治安管理处罚决定书　　D. 治安管理处罚判决书

64. 关于治安管理处罚决定书的交付，下列哪一说法是错误的?(　　)

A. 公安机关应当向被处罚人宣告治安管理处罚决定书，并当场交付被处罚人

B. 无法当场向被处罚人宣告的，应当在3日内送达被处罚人

C. 无法当场向被处罚人宣告的，应当在2日内送达被处罚人

D. 有被侵害人的，公安机关应当将决定书副本抄送被侵害人

65. 一般情况下，公安机关办理治安案件的期限，自受理之日起不得超过(　　)。

A. 10日　　B. 15日

C. 20日　　D. 30日

66. 关于当场作出治安管理处罚决定，下列哪一说法是错误的?(　　)

A. 人民警察应当向违反治安管理行为人出示工作证件

B. 人民警察应当填写处罚决定书

C. 处罚决定书并非必须当场交付被处罚人

D. 有被侵害人的，并将决定书副本抄送被侵害人

67. 被处罚人对治安管理出发决定不服的，可以(　　)。

A. 申请行政复议或者提起行政诉讼

B. 提起民事诉讼

C. 提起刑事诉讼

D. 申诉

68. 对被决定给予行政拘留处罚的人，由作出决定的公安机关送达(　　)执行。

A. 派出所　　B. 法院

C. 拘留所　　D. 监狱

69. 受到罚款处罚的人应当自收到处罚决定书之日起(　　)内，到指定的银行缴纳罚款。

A. 10 日　　B. 15 日

C. 20 日　　D. 30 日

70. 人民警察当场收缴的罚款，应当自收缴罚款之日起 2 日内，交至(　　)。

A. 指定的银行　　B. 上一级公安机关

C. 公安部　　D. 所属的公安机关

71. 被处罚人不服行政拘留处罚决定，申请行政复议、提起行政诉讼的，可以向公安机关提出(　　)行政拘留的申请。

A. 中止执行　　B. 终结执行

C. 暂缓执行　　D. 继续执行

72. 关于担保人的义务，下列哪一说法是正确的？(　　)

A. 担保人应当保证被担保人不逃避行政拘留处罚的执行

B. 担保人不履行担保义务的，应当负刑事责任

C. 担保人不履行担保义务，应当被拘留

D. 担保人不履行担保义务，致使被担保人逃避行政拘留处罚的执行的，由公安机关对其处 5000 元以下罚款

73. 被决定给予行政拘留处罚的人交纳保证金，暂缓行政拘留后，逃避行政拘留处罚的执行的，保证金予以没收并上缴国库，已经作出的行政拘留决定（　　）。

A. 不再执行　　B. 仍应执行

C. 中止执行　　D. 终结执行

74. 公安机关及其人民警察应当依法、公正、严格、高效办理治安案件，文明执法，不得（　　）。

A. 中饱私囊　　B. 假公济私

C. 以权谋私　　D. 徇私舞弊

75. 公安机关依法实施罚款处罚，应当依照有关法律、行政法规的规定，实行（　　）。

A. 罚款决定与罚款收缴分离　　B. 罚款决定与罚款收缴一体

C. 罚款决定当场作出　　D. 罚款由银行统一收缴

76. 公安机关及其人民警察违法行使职权，侵犯公民、法人和其他组织合法权益的，应当（　　）；造成损害的，应当依法承担赔偿责任。

A. 赔礼道歉　　B. 给予行政处分

C. 革除公职　　D. 闭门思过

（三）多项选择题

1. 发生下列哪些情形，依照《中华人民共和国刑法》的规定构成犯罪的，依法追究刑事责任；尚不够刑事处罚的，由公安机关依照本法给予治安管理处罚？（　　）

A. 扰乱公共秩序　　B. 妨害公共安全

C. 侵犯人身权利　　D. 财产权利

2. 实施治安管理处罚，应当（　　）。

A. 公开　　B. 公正

C. 尊重和保障人权　　D. 保护公民的人格尊严

3. 在治安管理工作中，各级人民政府应当（　　）。

A. 加强社会治安综合治理　　B. 化解社会矛盾

C. 增进社会和谐　　D. 维护社会稳定

4. 下列关于治安管理工作的分工的说法，哪些是正确的？（　　）
   A. 国务院公安部门负责全国的治安管理工作
   B. 国务院负责全国的治安管理工作
   C. 县级以上地方各级人民政府公安机关负责本行政区域内的治安管理工作
   D. 省级以上地方各级人民政府公安机关负责本行政区域内的治安管理工作
5. 违反治安管理的行为对他人造成损害的，（　　）应当依法承担民事责任。
   A. 行为人　　B. 行为人的配偶
   C. 行为人的父母　　D. 行为人的监护人
6. 治安管理处罚分为下列哪些种类？（　　）
   A. 警告　　B. 罚款
   C. 行政拘留　　D. 吊销公安机关发放的许可证
7. 办理治安案件所查获的（　　）等违禁品，赌具、赌资，吸食、注射毒品的用具以及直接用于实施违反治安管理行为的本人所有的工具，应当收缴，按照规定处理。
   A. 毒品　　B. 易燃易爆品
   C. 淫秽物品　　D. 盗版书籍
8. 精神病人在（　　）自己行为的时候违反治安管理的，不予处罚，但是应当责令其监护人严加看管和治疗。间歇性的精神病人在精神正常的时候违反治安管理的，应当给予处罚。
   A. 不能辨认　　B. 不能理解
   C. 不能控制　　D. 不能认同
9. （　　）的人违反治安管理的，可以从轻、减轻或者不予处罚。
   A. 残疾人　　B. 盲人
   C. 超过75周岁　　D. 又聋又哑
10. 醉酒的人在醉酒状态中，对本人有危险或者对他人的（　　）有威胁的，应当对其采取保护性措施约束至酒醒。
    A. 人身　　B. 财产
    C. 人格　　D. 公共安全
11. 违反治安管理有下列哪些情形的，减轻处罚或者不予处罚？（　　）
    A. 情节特别轻微的

B. 主动消除或者减轻违法后果，并取得被侵害人谅解的

C. 出于他人胁迫或者诱骗的

D. 被抓捕后，向公安机关如实陈述自己的违法行为的

12. 违反治安管理有下列哪些情形的，从重处罚？（　　）

A. 有较严重后果的

B. 教唆、胁迫、诱骗他人违反治安管理的

C. 对报案人、控告人、举报人、证人打击报复的

D. 6 个月内曾受过治安管理处罚的

13. 违反治安管理行为人有下列哪些情形的，依照本法应当给予行政拘留处罚的，不执行行政拘留处罚？（　　）

A. 已满 14 周岁不满 16 周岁的

B. 已满 16 周岁不满 18 周岁，初次违反治安管理的

C. 70 周岁以上的

D. 怀孕或者哺乳自己不满 1 周岁婴儿的

14. 有下列哪些行为之一的，处警告或者 200 元以下罚款；情节较重的，处 5 日以上 10 日以下拘留，可以并处 500 元以下罚款？（　　）

A. 扰乱机关秩序，致使工作不能正常进行，尚未造成严重损失的

B. 扰乱车站、港口、码头、机场、商场、公园、展览馆或者其他公共场所秩序的

C. 扰乱公共汽车、电车、火车、船舶、航空器或者其他公共交通工具上的秩序的

D. 非法拦截交通工具，但未影响交通工具正常行驶的

15. 有下列哪些行为之一，扰乱文化、体育等大型群众性活动秩序的，处警告或者 200 元以下罚款；情节严重的，处 5 日以上 10 日以下拘留，可以并处 500 元以下罚款？（　　）

A. 强行进入场内的

B. 违反规定，在场内燃放烟花爆竹或者其他物品的

C. 展示调侃性标语、条幅等物品的

D. 向场内投掷杂物，不听制止的

16. 对下列哪些扰乱公共秩序的行为，应处5日以上10日以下拘留，可以并处500元以下罚款；情节较轻的，处5日以下拘留或者500元以下罚款？（　　）

A. 散布谣言，谎报险情、疫情、警情或者以其他方法故意扰乱公共秩序的

B. 投放虚假的爆炸性、毒害性、放射性、腐蚀性物质或者传染病病原体等危险物质扰乱公共秩序的

C. 扬言实施放火、爆炸、投放危险物质扰乱公共秩序的

D. 实施放火、爆炸、投放危险物质行为的

17. 对下列哪些寻衅滋事行为，应处5日以上10日以下拘留，可以并处500元以下罚款；情节较重的，处10日以上15日以下拘留，可以并处1000元以下罚款？（　　）

A. 结伙斗殴的

B. 追逐、拦截他人的

C. 强拿硬要或者任意损毁、占用公私财物的

D. 其他寻衅滋事行为

18. 对下列哪些损害他人身体健康的活动，应处10日以上15日以下拘留，可以并处1000元以下罚款？（　　）

A. 组织、教唆、胁迫他人从事邪教、会道门活动或者利用邪教、会道门、迷信活动，扰乱社会秩序、损害他人身体健康

B. 诱骗、煽动他人从事邪教、会道门活动或者利用邪教、会道门、迷信活动，扰乱社会秩序、损害他人身体健康

C. 冒用气功名义进行扰乱社会秩序、损害他人身体健康活动

D. 冒用宗教名义进行扰乱社会秩序、损害他人身体健康活动

19. 有下列哪些行为之一的，处5日以下拘留；情节较重的，处5日以上10日以下拘留？（　　）

A. 侵入计算机信息系统的

B. 对计算机信息系统功能进行删除、修改、增加、干扰的

C. 违反国家规定，对计算机信息系统中存储、处理、传输的数据和应用程序进行删除、修改、增加的

D. 故意制作、传播计算机病毒等破坏性程序，影响计算机信息系统正常运行的

20. 违反国家规定，制造、买卖、储存、运输、邮寄、携带、使用、提供、处置(　　)或者传染病病原体等危险物质的，处10日以上15日以下拘留；情节较轻的，处5日以上10日以下拘留。

A. 爆炸性　　B. 腐蚀性

C. 放射性　　D. 毒害性

21. 非法携带(　　)等国家规定的管制器具的，处5日以下拘留，可以并处500元以下罚款；情节较轻的，处警告或者200元以下罚款。

A. 枪支　　B. 弹药

C. 菜刀　　D. 斧头

22. 非法携带枪支、弹药或者弩、匕首等国家规定的管制器具进入(　　)的，处5日以上10日以下拘留，可以并处500元以下罚款。

A. 公共场所　　B. 公交车

C. 地铁　　D. 朋友家

23. (　　)使用中的航空设施，或者强行进入航空器驾驶舱的，处10日以上15日以下拘留。

A. 盗窃　　B. 触碰

C. 损坏　　D. 擅自移动

24. 有下列那些行为之一的，处5日以上10日以下拘留，可以并处500元以下罚款；情节较轻的，处5日以下拘留或者500元以下罚款？(　　)

A. 盗窃、损毁或者擅自移动铁路设施、设备、机车车辆配件或者安全标志的

B. 在铁路线路上放置障碍物，或者故意向列车投掷物品的

C. 在铁路线路、桥梁、涵洞处挖掘坑穴、采石取沙的

D. 在铁路线路上私设道口或者平交过道的

25. 有下列那些行为，影响行车安全的，处警告或者200元以下罚款？(　　)

A. 火车来临时在铁路线路上行走坐卧

B. 火车经过后在铁路线路上行走坐卧

C. 抢越铁路

D. 抢修铁轨

26. 有下那些行为的，处 5 日以下拘留或者 500 元以下罚款；情节严重的，处 5 日以上 10 日以下拘留，可以并处 500 元以下罚款？（　　）

A. 未经批准，安装、使用电网的，或者安装、使用电网不符合安全规定的

B. 在车辆、行人通行的地方施工，对沟井坎穴不设覆盖物、防围和警示标志的，或者故意损毁、移动覆盖物、防围和警示标志的

C. 盗窃、损毁路面井盖、照明等公共设施的

D. 非法进行影响国（边）界线走向的活动或者修建有碍国（边）境管理的设施的

27. 举办文化、体育等大型群众性活动，违反有关规定，有发生安全事故危险的，责令（　　）。对组织者处 5 日以上 10 日以下拘留，并处 200 元以上 500 元以下罚款；情节较轻的，处 5 日以下拘留或者 500 元以下罚款。

A. 有序开展　　B. 停止活动

C. 有效防范　　D. 立即疏散

28. 下列哪些场所的经营管理人员，违反安全规定，致使该场所有发生安全事故危险，经公安机关责令改正，拒不改正的，处 5 日以下拘留？（　　）

A. 娱乐场　　B. 影剧院

C. 饭店　　D. 旅馆

29. 有下列哪些行为之一的，处 10 日以上 15 日以下拘留，并处 500 元以上 1000 元以下罚款；情节较轻的，处 5 日以上 10 日以下拘留，并处 200 元以上 500 元以下罚款？（　　）

A. 组织、胁迫、诱骗不满 16 周岁的人或者残疾人进行恐怖、残忍表演的

B. 以暴力、威胁或者其他手段强迫他人劳动的

C. 非法限制他人人身自由、非法侵入他人住宅或者非法搜查他人身体的

D. 胁迫、诱骗或者利用他人乞讨的

30. 多次发送下列哪些信息，将处 5 日以下拘留或者 500 元以下罚款；情节较重的，处 5 日以上 10 日以下拘留，可以并处 500 元以下罚款？（　　）

A. 淫秽　　B. 侮辱

C. 恐吓　　D. 广告

31. 下列哪些伤害他人的行为，应处 10 日以上 15 日以下拘留，并处 500 元以上 1000 元以下罚款？（　　）

A. 持有工具殴打他人的

B. 结伙殴打、伤害他人的

C. 殴打、伤害残疾人、孕妇、不满 14 周岁的人或者 60 周岁以上的人的

D. 多次殴打、伤害他人或者一次殴打、伤害多人的

32. 猥亵下列哪些人员或者有其他严重情节的，处 10 日以上 15 日以下拘留？（　　）

A. 精神病人　　B. 妇女

C. 残疾人　　D. 不满 14 周岁的人

33. 下列哪些损害民族关系的行为，应处 10 日以上 15 日以下拘留，可以并处 1000 元以下罚款？（　　）

A. 煽动民族仇恨

B. 民族歧视

C. 在出版物刊载民族歧视、侮辱内容

D. 计算机信息网络中刊载民族歧视、侮辱内容

34. 下列哪些行为，应处 5 日以下拘留或者 500 元以下罚款？（　　）

A. 代领邮件　　B. 隐匿邮件

C. 毁弃邮件　　D. 私自开拆邮件

35. 有下列哪些妨害社会管理的行为的，处警告或者 200 元以下罚款；情节严重的，处 5 日以上 10 日以下拘留，可以并处 500 元以下罚款？（　　）

A. 拒不执行人民政府在紧急状态情况下依法发布的决定、命令的

B. 阻碍国家机关工作人员依法执行职务的

C. 阻碍执行紧急任务的消防车、救护车、工程抢险车、警车等车辆通行的

D. 强行冲闯公安机关设置的警戒带、警戒区的

36. 伪造下列哪些主体的印章，处 10 日以上 15 日以下拘留，可以并处 1000 元以下罚款；情节较轻的，处 5 日以上 10 日以下拘留，可以并处 500 元以下罚款？（　　）

A. 国家机关　　B. 事业单位

C. 企业　　D. 人民团体

37. 船舶擅自进入、停靠(　　)的，对船舶负责人及有关责任人员处500元以上1000元以下罚款；情节严重的，处5日以下拘留，并处500元以上1000元以下罚款。

A. 国家禁止进入的水域　　B. 国家限制进入的水域

C. 国家禁止进入的岛屿　　D. 国家限制进入的岛屿

38. (　　)非法集会、游行、示威，不听劝阻的，处10日以上15日以下拘留。

A. 策划　　B. 参与

C. 煽动　　D. 制止

39. 下列哪些损坏文物的行为，应处警告或者200元以下罚款；情节较重的，处5日以上10日以下拘留，并处200元以上500元以下罚款？(　　)

A. 触碰文物　　B. 刻划文物

C. 偷拍文物　　D. 涂污文物

40. 有下列哪些行为之一的，处500元以上1000元以下罚款；情节严重的，处10日以上15日以下拘留，并处500元以上1000元以下罚款？(　　)

A. 偷开他人机动车的　　B. 偷开他人航空器的

C. 偷开他人机动船舶的　　D. 偷开他人玩具车的

41. 下列哪些妨碍社会管理的行为，应处5日以上10日以下拘留；情节严重的，处10日以上15日以下拘留，可以并处1000元以下罚款？(　　)

A. 故意破坏、污损他人坟墓的

B. 毁坏、丢弃他人尸骨、骨灰的

C. 在公共场所停放尸体

D. 因停放尸体影响他人正常生活、工作秩序，不听劝阻的

42. (　　)他人卖淫的，处10日以上15日以下拘留，可以并处5000元以下罚款；情节较轻的，处5日以下拘留或者500元以下罚款。

A. 引诱　　B. 容留

C. 介绍　　D. 欺骗

43. (　　)、出租淫秽的书刊、图片、影片、音像制品等淫秽物品的，处10日以上15日以下拘留，可以并处3000元以下罚款；情节较轻的，处5日以下拘留或者500元以下罚款。

A. 制作　　B. 运输

C. 复制　　D. 出售

44. (　　)他人吸食、注射毒品的，处10日以上15日以下拘留，并处500元以上2000元以下罚款。

A. 帮助　　B. 引诱

C. 教唆　　D. 欺骗

45. 非法(　　)少量罂粟壳的，处10日以上15日以下拘留，可以并处3000元以下罚款；情节较轻的，处5日以下拘留或者500元以下罚款。

A. 运输　　B. 买卖

C. 储存　　D. 使用

46. 明知他人(　　)，为其提供条件的，处10日以上15日以下拘留，并处500元以上1000元以下罚款。

A. 组织播放淫秽音像的　　B. 组织淫秽表演的

C. 进行淫秽表演的　　D. 参与聚众淫乱活动的

47. (　　)等单位的人员，在公安机关查处吸毒、赌博、卖淫、嫖娼活动时，为违法犯罪行为人通风报信的，处10日以上15日以下拘留。

A. 旅馆业　　B. 旅游业

C. 餐饮服务业　　D. 公共交通业

48. 饲养动物，干扰他人正常生活的，处警告；警告后(　　)，处200元以上500元以下罚款。

A. 改正的　　B. 不改正的

C. 放任动物恐吓他人的　　D. 遗弃动物的

49. 公安机关对下列哪些案件应当及时受理并进行登记？(　　)

A. 报案

B. 控告

C. 违反治安管理行为人主动投案

D. 举报

50. 公安机关受理报案、恐高、举报、投案后，所作的下列哪些处理合法？(　　)

A. 认为属于违反治安管理行为的，应当立即进行调查

B. 认为属于违反治安管理行为的，应当首先询问报案人

C. 认为不属于违反治安管理行为的，应当告知报案人、控告人、举报人、投案人，并说明理由

D. 认为不属于违反治安管理行为的，无需向报案人、控告人、举报人、投案人说明理由

51. 以下列哪些手段收集的证据，不得作为处罚的根据？（　　）

A. 刑讯逼供　　B. 威胁

C. 引诱　　D. 欺骗

52. 人民警察与其办理的治安案件有利害关系的，除自行回避外，下列哪些主体有权要求其回避？（　　）

A. 违反治安管理行为人　　B. 被侵害人

C. 报案人　　D. 被侵害人的法定代理人

53. 对违反治安管理的行为人，在下列哪些情况下，可以强制传唤？（　　）

A. 经公安机关办案部门负责人批准的

B. 现场发现违反治安管理行为人的

C. 违反治安管理行为人无正当理由不接受传唤

D. 违反治安管理行为人逃避传唤

54. 关于询问笔录，下列哪些说法是正确的？（　　）

A. 询问笔录应当交被询问人核对

B. 对没有阅读能力的被询问人，应当向其宣读

C. 记载有遗漏或者差错的，被询问人可以提出补充或者更正

D. 被询问人确认笔录无误后，应当签名或者盖章

55. 人民警察询问被侵害人或者其他证人，应当遵循下列哪些规定？（　　）

A. 可以到其所在单位或者住处进行

B. 必要时，也可以通知其到公安机关提供证言

C. 应当出示工作证件

D. 询问笔录应当交被询问人核对

56. 检查笔录由（　　）签名或者盖章。

A. 检查人　　B. 被检查人

C. 人民警察　　D. 见证人

57. 关于对扣押物品的保管，下列哪些说法是正确的？（　　）

A. 应当妥善保管，不能挪作他用

B. 经核实属于他人合法财产的，应当登记后立即退还

C. 不宜长期保存的，折价变卖

D. 经查明与案件无关的，应当及时退还

58. 下列哪些治安管理处罚措施，可以由公安派出所决定？（　　）

A. 警告

B. 300 元以下罚款

C. 500 元以下罚款

D. 拘留

59. 关于行政拘留，下列哪些说法是正确的？（　　）

A. 对决定给予行政拘留处罚的人，在处罚前已经采取强制措施限制人身自由的时间，可以折抵

B. 对决定给予行政拘留处罚的人，在处罚前已经采取强制措施限制人身自由的时间，应当折抵

C. 限制人身自由 1 日，折抵行政拘留 1 日

D. 限制人身自由 1 日，折抵行政拘留 2 日

60. 公安机关作出治安管理处罚决定前，应当告知违反治安管理行为人（　　）。

A. 作出治安管理处罚的事实

B. 作出治安管理处罚的理由

C. 作出治安管理处罚的依据

D. 违反治安管理行为人依法享有的权利

61. 治安案件调查结束后，公安机关作出的下列哪些处理决定符合《治安管理处罚法》规定？（　　）

A. 确有依法应当给予治安管理处罚的违法行为的，根据情节轻重及具体情况，作出处罚决定

B. 依法不予处罚的，或者违法事实不能成立的，作出不予处罚决定

C. 违法行为已涉嫌犯罪的，移送主管机关依法追究刑事责任

D. 发现违反治安管理行为人有其他违法行为的，在对违反治安管理行为作出处罚决定的同时，通知有关行政主管部门处理

62. 治安管理处罚决定书应当载明下列哪些内容？（　　）

A. 被处罚人的姓名、性别、年龄、身份证件的名称和号码、住址

B. 违法事实和证据

C. 办案的人民警察的身份信息

D. 作出处罚决定的公安机关的名称和作出决定的日期

63. 公安机关作出下列哪些决定前，违反治安管理行为人有权要求举行听证？（　　）

A. 吊销许可证　　B. 处3000元以上罚款

C. 处2000元以上罚款　　D. 罚款

64. 关于公安机关办理治安案件的期限，下列哪些说法是正确的？（　　）

A. 公安机关办理治安案件的期限，自受理之日起不得超过15日

B. 公安机关办理治安案件的期限，自受理之日起不得超过30日

C. 案情重大、复杂的，经上一级公安机关批准，可以延长30日

D. 案情重大、复杂的，经公安部批准，可以延长30日

65. 同时满足下列哪些条件的，可以当场作出治安管理处罚决定？（　　）

A. 违反治安管理行为事实清楚　　B. 证据确凿

C. 处警告或者500元以下罚款　　D. 处警告或者200元以下罚款

66. 治安管理处罚决定书应当载明下列哪些内容？（　　）

A. 被处罚人的姓名

B. 违法行为

C. 处罚依据

D. 罚款数额、时间、地点以及公安机关名称

67. 有下列哪些情形的，人民警察可以当场收缴罚款？（　　）

A. 被处50元以下罚款，被处罚人对罚款无异议

B. 在交通不便地区作出罚款决定

C. 被处罚人在当地没有固定住所，不当场收缴事后难以执行

D. 在边远、水上、交通不便地区，公安机关及其人民警察依照本法的规定作出罚款决定后，被处罚人向指定的银行缴纳罚款确有困难，经被处罚人提出的

68. 关于当场收缴罚款，下列哪些说法是正确的？（　　）

A. 当场收缴的罚款，应当自收缴罚款之日起 2 日内，交至所属的公安机关

B. 应当立即交至所属的公安机关

C. 在水上、旅客列车上当场收缴的罚款，应当自抵岸或者到站之日起 2 日内，交至所属的公安机关

D. 公安机关应当自收到罚款之日起 2 日内将罚款缴付指定的银行

69. 关于暂缓执行行政拘留，下列哪些说法是正确的？（　　）

A. 被处罚人不服行政拘留处罚决定，申请行政复议、提起行政诉讼的，可以向公安机关提出暂缓执行行政拘留的申请

B. 公安机关认为暂缓执行行政拘留不致发生社会危险的，由被处罚人或者其近亲属提出符合本法第 108 条规定条件的担保人，行政拘留的处罚决定暂缓执行

C. 公安机关认为暂缓执行行政拘留不致发生社会危险的，由被处罚人或者其近亲属按每日行政拘留 200 元的标准交纳保证金，行政拘留的处罚决定暂缓执行

D. 行政拘留不能暂缓执行

70. 担保人应当符合下列哪些条件？（　　）

A. 与本案无牵连

B. 享有政治权利，人身自由未受到限制

C. 在当地有常住户口和固定住所

D. 有能力履行担保义务

71. 关于担保人的义务，下列哪些说法是正确的？（　　）

A. 担保人应当保证被担保人不逃避行政拘留处罚的执行

B. 担保人应当保证被担保人不离开所居住的市

C. 担保人不履行担保义务，致使被担保人逃避行政拘留处罚的执行的，由公安机关对其处以拘留

D. 担保人不履行担保义务，致使被担保人逃避行政拘留处罚的执行的，由公安机关对其处 3000 元以下罚款

72. 关于行政拘留，下列哪些说法是正确的？（　　）

A. 被决定给予行政拘留处罚的人交纳保证金，暂缓行政拘留后，逃避行政拘留处罚的执行的，保证金予以没收并上缴国库

B. 被决定给予行政拘留处罚的人交纳保证金，暂缓行政拘留后，逃避行政拘留处罚的执行的，已经作出的行政拘留决定仍应执行

C. 行政拘留的处罚决定被撤销，公安机关收取的保证金应当及时退还交纳人

D. 行政拘留处罚开始执行的，公安机关收取的保证金应当及时退还交纳人

73. 公安机关及其人民警察办理治安案件，禁止对违反治安管理行为人（　　）。

A. 罚款　　B. 打骂

C. 虐待　　D. 侮辱

74. 公安机关及其人民警察办理治安案件，应当自觉接受（　　）的监督。

A. 社会　　B. 公众

C. 公民　　D. 人民

75. 人民警察办理治安案件，有下列哪些行为的，依法给予行政处分；构成犯罪的，依法追究刑事责任？（　　）

A. 刑讯逼供、体罚、虐待、侮辱他人

B. 超过询问查证的时间限制人身自由

C. 私分、侵占、挪用、故意损毁收缴、扣押的财物

D. 违反规定不及时退还保证金

（四）填空题

1. 扰乱公共秩序，妨害公共安全，侵犯人身权利、财产权利，妨害社会管理，具有社会危害性，依照____的规定构成犯罪的，依法追究刑事责任；尚不够刑事处罚的，由公安机关依照本法给予治安管理处罚。

2. 治安管理处罚的程序，适用本法的规定；本法没有规定的，适用____的有关规定。

3. 治安管理处罚必须以____为依据，与违反治安管理行为的性质、情节以及____相当。

4. 国务院公安部门负责____的治安管理工作。县级以上地方各级人民政府公安机关负责____的治安管理工作。治安案件的管辖由____规定。
5. 违反治安管理的行为对他人造成损害的，行为人或者其监护人应当依法承担____。
6. 对于因____引起的打架斗殴或者损毁他人财物等违反治安管理行为，情节较轻的，公安机关可以调解处理。
7. 治安管理处罚的种类分为：（1）____；（2）____；（3）____；（4）吊销公安机关发放的许可证。
8. 违反治安管理所得的财物，追缴____被侵害人；没有被侵害人的，登记造册，公开____或者按照国家有关规定处理，所得款项上缴国库。
9. 已满14周岁不满18周岁的人违反治安管理的，____处罚；不满14周岁的人违反治安管理的，不予处罚，但是应当责令其____严加管教。
10. 精神病人在____或者____自己行为的时候违反治安管理的，不予处罚，但是应当责令其监护人严加看管和治疗。
11. 盲人或者又聋又哑的人违反治安管理的，可以____、____或者不予处罚。
12. 有两种以上违反治安管理行为的，分别决定，____。行政拘留处罚合并执行的，最长不超过____。
13. 违反治安管理有下列情形之一的，减轻处罚或者不予处罚：（1）情节特别轻微的；（2）主动消除或者减轻违法后果，并取得____的；（3）出于他人____的；（4）主动投案，向公安机关如实陈述自己的违法行为的；（5）有____表现的。
14. 违反治安管理有下列情形之一的，从重处罚：（1）有____的；（2）教唆、胁迫、诱骗他人违反治安管理的；（3）对报案人、控告人、举报人、证人____的；（4）____个月内曾受过治安管理处罚的。
15. 违反治安管理行为在____内没有被公安机关发现的，不再处罚。
16. 有下列行为之一的，处警告或者200元以下罚款；情节较重的，处5日以上10日以下拘留，可以并处500元以下罚款：（1）扰乱机关、团体、企业、事业单位秩序，致使工作、生产、营业、医疗、教学、科研不能正常进行，____严重损失的；（2）扰乱车站、港口、码头、机场、商场、公园、展览馆或者其他____秩序的；（3）扰乱公共汽车、电车、火车、船舶、航空器或者其他____上的秩序的；（4）非法拦截或者强登、扒乘机动车、船舶、航空器以及其他交通工具，影响交通工具正常行驶的；（5）破坏依法进行的选举秩序的。聚众实施前款行为的，对____处10日以上15日以下拘留，可以并处1000元以下罚款。

17. 因扰乱体育比赛秩序被处以拘留处罚的，可以同时责令其____内不得进入体育场馆观看同类比赛；违反规定进入体育场馆的，____。

18. 有下列行为之一的，处5日以上10日以下拘留，可以并处500元以下罚款；情节较重的，处10日以上15日以下拘留，可以并处1000元以下罚款：（1）____的；（2）追逐、拦截他人的；（3）强拿硬要或者任意损毁、占用____的；（4）其他寻衅滋事行为。

19. 违反国家规定，____干扰无线电业务正常进行的，或者对正常运行的无线电台（站）产生____干扰，经有关主管部门指出后，____有效措施消除的，处5日以上10日以下拘留；情节严重的，处10日以上15日以下拘留。

20. 有下列行为之一的，处5日以下拘留；情节较重的，处5日以上10日以下拘留：（1）违反国家规定，侵入计算机信息系统，____的；（2）违反国家规定，对计算机信息系统功能进行删除、修改、增加、干扰，造成计算机信息系统不能____的；（3）违反国家规定，对计算机信息系统中存储、处理、传输的____进行删除、修改、增加的；（4）故意制作、传播计算机病毒等破坏性程序，影响计算机信息系统正常运行的。

21. 违反国家规定，制造、买卖、储存、运输、邮寄、携带、使用、提供、处置爆炸性、毒害性、放射性、腐蚀性物质或者传染病病原体等危险物质的，处____拘留；情节较轻的，处____拘留。

22. 爆炸性、毒害性、放射性、腐蚀性物质或者传染病病原体等危险物质____，未按规定报告的，处5日以下拘留；____的，处5日以上10日以下拘留。

23. 非法携带枪支、弹药或者弩、匕首等国家规定的管制器具进入____或者____的，处5日以上10日以下拘留，可以并处500元以下罚款。

24. 非法进行影响国（边）界线走向的活动或者修建有碍国（边）境管理的设施的，处____拘留。

25. 盗窃、损坏、擅自移动____的航空设施，或者____航空器驾驶舱的，处10日以上15日以下拘留。

26. 擅自进入铁路防护网或者火车来临时在铁路线路上行走坐卧、抢越铁路，影响行车安全的，处____或者____以下罚款。

27. 举办文化、体育等____群众性活动，违反有关规定，有发生安全事故危险的，责令停止活动，____疏散。

28. 以暴力、威胁或者其他手段强迫他人劳动的，情节较轻的，处____拘留，并处____罚款。

29. 反复纠缠、强行讨要或者以其他滋扰他人的方式乞讨的，处____拘留或者警告。

30. 公然侮辱他人或者捏造事实诽谤他人的，处____拘留或者____罚款。

31. 殴打他人的，或者故意伤害他人身体的，处____拘留，并处____罚款。

32. 猥亵____、____、____的人或者有其他严重情节的，处10日以上15日以下拘留。

33. 遗弃没有____的被扶养人的，处5日以下拘留或者警告。

34. 煽动民族仇恨、民族歧视，或者在出版物、计算机信息网络中刊载民族歧视、侮辱内容的，处____拘留，可以并处____以下罚款。

35. ____、____、____、____或者____他人邮件的，处5日以下拘留或者500元以下罚款。

36. ____、____、____、抢夺、敲诈勒索或者____公私财物的，处5日以上10日以下拘留，可以并处500元以下罚款；情节较重的，处10日以上15日以下拘留，可以并处1000元以下罚款。

37. 阻碍人民警察依法执行职务的，____。

38. 冒充____或者以其他虚假身份____的，处5日以上10日以下拘留，可以并处500元以下罚款；情节较轻的，处5日以下拘留或者500元以下罚款。

39. 船舶____、____国家禁止、限制进入的水域或者岛屿的，对船舶负责人及有关责任人员处500元以上1000元以下罚款；情节严重的，处5日以下拘留，并处500元以上1000元以下罚款。

40. 取得____许可的经营者，违反国家有关管理规定，情节严重的，公安机关可以吊销许可证。

41. 旅馆业的工作人员对住宿的旅客不按规定登记____、____种类和号码的，或者明知住宿的旅客将____带入旅馆，不予制止的，处 200 元以上 500 元以下罚款。
42. 房屋出租人将房屋出租给____的人居住的，或者不按规定登记承租人姓名、身份证件种类和号码的，处 200 元以上 500 元以下罚款。
43. ____、____、____他人卖淫的，处 10 日以上 15 日以下拘留，可以并处 5000 元以下罚款；情节较轻的，处 5 日以下拘留或者 500 元以下罚款。
44. 制作、____、复制、____、____淫秽的书刊、图片、影片、音像制品等淫秽物品或者利用计算机信息网络、电话以及其他通讯工具传播淫秽信息的，处 10 日以上 15 日以下拘留，可以并处 3000 元以下罚款；情节较轻的，处 5 日以下拘留或者 500 元以下罚款。
45. 以____为目的，为赌博____的，或者参与赌博赌资____的，处 5 日以下拘留或者 500 元以下罚款；情节严重的，处 10 日以上 15 日以下拘留，并处 500 元以上 3000 元以下罚款。
46. 非法____、____、____、____少量未经灭活的罂粟等毒品原植物种子或者幼苗的，处 10 日以上 15 日以下拘留，可以并处 3000 元以下罚款；情节较轻的，处 5 日以下拘留或者 500 元以下罚款。
47. ____、____、____他人吸食、注射毒品的，处 10 日以上 15 日以下拘留，并处 500 元以上 2000 元以下罚款。
48. 旅馆业、____、文化娱乐业、____等单位的人员，在公安机关查处吸毒、赌博、卖淫、嫖娼活动时，为违法犯罪行为人____的，处 10 日以上 15 日以下拘留。
49. 饲养动物，干扰他人____的，处警告；警告后不改正的，或者____动物恐吓他人的，处 200 元以上 500 元以下罚款。
50. 收购公安机关通报寻查的____或者有____的物品的，处 500 元以上 1000 元以下罚款；情节严重的，处 5 日以上 10 日以下拘留，并处 500 元以上 1000 元以下罚款。
51. 公安机关受理报案、控告、举报、投案后，认为属于违反治安管理行为的，应当____进行调查；认为不属于违反治安管理行为的，应当告知报案人、控告人、举报人、投案人，并说明____。

52. 公安机关及其人民警察在办理治安案件时，对涉及的____、____或者____，应当予以保密。

53. 人民警察的回避，由其所属的____决定；公安机关负责人的回避，由____公安机关决定。

54. 对违反治安管理行为人，公安机关传唤后应当____询问查证，询问查证的时间不得超过____；情况复杂，依照本法规定可能适用行政拘留处罚的，询问查证的时间不得超过____。

55. 询问不满____周岁的违反治安管理行为人，应当通知其父母或者其他监护人到场。

56. 人民警察询问被侵害人或者其他证人，可以到其所在____或者____进行；必要时，也可以通知其到____提供证言。

57. 询问聋哑的____、____或者____，应当有通晓手语的人提供帮助，并在笔录上注明。

58. 公安机关对与违反治安管理行为有关的场所、物品、____可以进行检查。检查时，人民警察不得少于____，并应当出示工作证件和____人民政府公安机关开具的检查证明文件。

59. 对扣押的物品，应当会同在场____和____查点清楚，当场开列清单一式____份，由调查人员、见证人和持有人签名或者盖章，一份交给持有人，另一份附卷备查。

60. 为了查明案情，需要解决案件中有争议的____的，应当指派或者聘请具有专门知识的人员进行鉴定。

61. 治安管理处罚由____人民政府公安机关决定；其中警告、____元以下的罚款可以由公安派出所决定。

62. 对决定给予行政拘留处罚的人，在处罚前已经采取强制措施限制____的时间，应当折抵。限制人身自由 1 日，折抵行政拘留____。

63. 公安机关查处治安案件，对没有本人陈述，但其他证据能够证明案件事实的，____作出治安管理处罚决定。但是，只有本人陈述，没有其他证据证明的，____作出治安管理处罚决定。

64. 公安机关不得因违反治安管理行为人的____、____而加重处罚。

65. 公安机关应当向被处罚人____治安管理处罚决定书，并当场交付被处罚人；无法当场向被处罚人宣告的，应当在____内送达被处罚人。

66. 公安机关作出____以及处____元以上罚款的治安管理处罚决定前，应当告知违反治安管理行为人有权要求举行听证；违反治安管理行为人要求听证的，公安机关____及时依法举行听证。

67. 公安机关办理治安案件的期限，自受理之日起不得超过____；案情重大、复杂的，经上一级公安机关批准，可以延长____。

68. 违反治安管理行为事实清楚，证据确凿，处____或者____元以下罚款的，可以当场作出治安管理处罚决定。

69. 当场作出治安管理处罚决定的，经办的人民警察应当在____内报所属公安机关备案。

70. 对被决定给予行政拘留处罚的人，由作出决定的公安机关送达________执行。

71. 受到罚款处罚的人应当自收到处罚决定书之日起____内，到指定的银行缴纳罚款。

72. 人民警察当场收缴的罚款，应当自收缴罚款之日起____内，交至所属的公安机关；在水上、旅客列车上当场收缴的罚款，应当自抵岸或者到站之日起____内，交至所属的公安机关；公安机关应当自收到罚款之日起____内将罚款缴付指定的银行。

73. 人民警察当场收缴罚款的，应当向被处罚人出具____人民政府财政部门统一制发的罚款收据；不出具统一制发的罚款收据的，被处罚人有权____缴纳罚款。

74. 被处罚人不服行政拘留处罚决定，申请行政复议、提起行政诉讼的，可以向公安机关提出____行政拘留的申请。

75. 被决定给予行政拘留处罚的人交纳保证金，暂缓行政拘留后，逃避行政拘留处罚的执行的，保证金予以没收并上缴国库，已经作出的行政拘留决定____。

76. 行政拘留的处罚决定____，或者行政拘留处罚____的，公安机关收取的保证金应当及时退还交纳人。

77. 公安机关及其人民警察办理治安案件，不严格执法或者有违法违纪行为的，____都有权向公安机关或者人民检察院、行政监察机关检举、控告；

收到检举、控告的机关，应当依据职责及时处理。

78. 公安机关依法实施罚款处罚，应当依照有关法律、行政法规的规定，实行罚款决定与罚款收缴____；收缴的罚款应当全部上缴____。

79. 公安机关及其人民警察违法行使职权，侵犯公民、法人和其他组织合法权益的，应当____；造成损害的，应当依法承担赔偿责任。

（五）简答题

1. 简述治安管理处罚的原则。
2. 简述治安管理工作的分工。
3. 简述对违反治安管理行为从重处罚的情形。
4. 简述对违反治安管理行为人不执行行政拘留处罚的情形。
5. 简述对违反治安管理行为减轻处罚或者不予处罚的情形。
6. 简述对扰乱文化、教育等大型群众性活动秩序行为的治安管理处罚措施。
7. 简述对非法携带枪支、弹药行为的治安管理处罚措施。
8. 简述对猥亵行为的治安管理处罚措施。
9. 简述对招摇撞骗行为的治安管理处罚措施。
10. 简述人民警察在办理治安案件过程中应当回避的情形。
11. 简述对违反治安管理行为人的询问查证制度。
12. 简述治安管理处罚案件担保人应当符合的条件。
13. 简述治安管理处罚中当场收缴罚款的具体情形。
14. 简述治安管理处罚决定书的内容。
15. 简述公安机关实施罚款处罚的原则。
16. 简述公安机关及其人民警察办理治安案件的基本原则。

参考答案

（一）判断题

1. √，解析：《治安管理处罚法》第 1 条。
2. √，解析：《治安管理处罚法》第 3 条。
3. ×，解析：《治安管理处罚法》第 4 条第 2 款规定，在中华人民共和国船舶和航空器内发生的违反治安管理行为，除法律有特别规定的外，适用本法。

4. √，解析：《治安管理处罚法》第 5 条第 2 款。

5. √，解析：《治安管理处罚法》第 5 条第 3 款。

6. ×，解析：《治安管理处罚法》第 7 条第 2 款。

7. ×，解析：《治安管理处罚法》第 8 条规定，违反治安管理的行为对他人造成损害的，行为人或者其监护人应当依法承担民事责任。

8. ×，解析：《治安管理处罚法》第 10 条规定，治安管理处罚的种类分为：（1）警告；（2）罚款；（3）行政拘留；（4）吊销公安机关发放的许可证。

9. √，解析：《治安管理处罚法》第 11 条第 2 款。

10. √，解析：《治安管理处罚法》第 12 条。

11. ×，解析：《治安管理处罚法》第 13 条规定，精神病人在不能辨认或者不能控制自己行为的时候违反治安管理的，不予处罚，但是应当责令其监护人严加看管和治疗。间歇性的精神病人在精神正常的时候违反治安管理的，应当给予处罚。

12. √，解析：《治安管理处罚法》第 15 条。

13. ×，解析：《治安管理处罚法》第 16 条规定，有两种以上违反治安管理行为的，分别决定，合并执行。行政拘留处罚合并执行的，最长不超过 20 日。

14. √，解析：《治安管理处罚法》第 17 条第 2 款。

15. ×，解析：《治安管理处罚法》第 19 条规定：“违反治安管理有下列情形之一的，减轻处罚或者不予处罚：（一）情节特别轻微的；（二）主动消除或者减轻违法后果，并取得被侵害人谅解的；（三）出于他人胁迫或者诱骗的；（四）主动投案，向公安机关如实陈述自己的违法行为的；（五）有立功表现的。”

16. √，解析：《治安管理处罚法》第 22 条。

17. ×，解析：《治安管理处罚法》第 23 条第 1 款规定，破坏依法进行的选举秩序的，情节较重的，处 5 日以上 10 日以下拘留，可以并处 500 元以下罚款。

18. √，解析：《治安管理处罚法》第 24 条第 2 款。

19. √，解析：《治安管理处罚法》第 25 条。

20. ×，解析：《治安管理处罚法》第 26 条规定，结伙斗殴，情节较重的，处 10 日以上 15 日以下拘留，可以并处 1000 元以下罚款。

21. ×，解析：《治安管理处罚法》第 27 条规定，冒用宗教、气功名义进行扰乱社会秩序、损害他人身体健康活动的，处 10 日以上 15 日以下拘留，可以并处1000元以下罚款；情节较轻的，处5日以上10日以下拘留，可以并处500元以下罚款。

22. √，解析：《治安管理处罚法》第29条。
23. √，解析：《治安管理处罚法》第30条。
24. √，解析：《治安管理处罚法》第31条。
25. ×，解析：《治安管理处罚法》第32条第2款规定，非法携带枪支、弹药或者弩、匕首等国家规定的管制器具进入公共场所或者公共交通工具的，处5日以上10日以下拘留，可以并处500元以下罚款。
26. √，解析：《治安管理处罚法》第33条。
27. √，解析：《治安管理处罚法》第36条。
28. ×，解析：《治安管理处罚法》第38条规定："举办文化、体育等大型群众性活动，违反有关规定，有发生安全事故危险的，责令停止活动，立即疏散。对组织者处五日以上十日以下拘留，并处二百元以上五百元以下罚款；情节较轻的，处五日以下拘留或者五百元以下罚款。"
29. √，解析：《治安管理处罚法》第40条。
30. ×，解析：《治安管理处罚法》第41条第1款规定："胁迫、诱骗或者利用他人乞讨的，处十日以上十五日以下拘留，可以并处一千元以下罚款。"
31. √，解析：《治安管理处罚法》第42条。
32. ×，解析：《治安管理处罚法》第43条第1款规定："殴打他人的，或者故意伤害他人身体的，处五日以上十日以下拘留，并处二百元以上五百元以下罚款；情节较轻的，处五日以下拘留或者五百元以下罚款。"
33. ×，解析：《治安管理处罚法》第44条规定："猥亵他人的，或者在公共场所故意裸露身体，情节恶劣的，处五日以上十日以下拘留；猥亵智力残疾人、精神病人、不满十四周岁的人或者有其他严重情节的，处十日以上十五日以下拘留。"
34. √，解析：《治安管理处罚法》第46条。
35. √，解析：《治安管理处罚法》第48条。
36. √，解析：《治安管理处罚法》第50条。
37. ×，解析：《治安管理处罚法》第51条第1款规定："冒充国家机关工作人员或者以其他虚假身份招摇撞骗的，处五日以上十日以下拘留，可以并处五百元以下罚款；情节较轻的，处五日以下拘留或者五百元以下罚款。"
38. √，解析：《治安管理处罚法》第52条。

39. ×，解析：《治安管理处罚法》第 53 条规定："船舶擅自进入、停靠国家禁止、限制进入的水域或者岛屿的，对船舶负责人及有关责任人员处五百元以上一千元以下罚款；情节严重的，处五日以下拘留，并处五百元以上一千元以下罚款。"
40. √，解析：《治安管理处罚法》第 54 条第 2 款。
41. √，解析：《治安管理处罚法》第 55 条。
42. √，解析：《治安管理处罚法》第 56 条第 1 款。
43. ×，解析：《治安管理处罚法》第 57 条第 1 款规定："房屋出租人将房屋出租给无身份证件的人居住的，或者不按规定登记承租人姓名、身份证件种类和号码的，处二百元以上五百元以下罚款。"
44. √，解析：《治安管理处罚法》第 58 条。
45. ×，解析：《治安管理处罚法》第 60 条规定："有下列行为之一的，处五日以上十日以下拘留，并处二百元以上五百元以下罚款：（一）隐藏、转移、变卖或者损毁行政执法机关依法扣押、查封、冻结的财物的；（二）伪造、隐匿、毁灭证据或者提供虚假证言、谎报案情，影响行政执法机关依法办案的；（三）明知是赃物而窝藏、转移或者代为销售的；（四）被依法执行管制、剥夺政治权利或者在缓刑、暂予监外执行中的罪犯或者被依法采取刑事强制措施的人，有违反法律、行政法规或者国务院有关部门的监督管理规定的行为。"
46. √，解析：《治安管理处罚法》第 61 条。
47. √，解析：《治安管理处罚法》第 62 条第 2 款。
48. √，解析：《治安管理处罚法》第 66 条第 2 款。
49. √，解析：《治安管理处罚法》第 67 条。
50. ×，解析：《治安管理处罚法》第 68 条规定："制作、运输、复制、出售、出租淫秽的书刊、图片、影片、音像制品等淫秽物品或者利用计算机信息网络、电话以及其他通讯工具传播淫秽信息的，处十日以上十五日以下拘留，可以并处三千元以下罚款；情节较轻的，处五日以下拘留或者五百元以下罚款。"
51. ×，解析：《治安管理处罚法》第 69 条规定："有下列行为之一的，处十日以上十五日以下拘留，并处五百元以上一千元以下罚款：（一）组织播放淫秽音像的；（二）组织或者进行淫秽表演的；（三）参与聚众淫乱活动的。明知他人从事前款活动，为其提供条件的，依照前款的规定处罚。"
52. √，解析：《治安管理处罚法》第 70 条。

53. √，解析：《治安管理处罚法》第 71 条。
54. √，解析：《治安管理处罚法》第 73 条。
55. ×，解析：《治安管理处罚法》第 74 条规定："旅馆业、饮食服务业、文化娱乐业、出租汽车业等单位的人员，在公安机关查处吸毒、赌博、卖淫、嫖娼活动时，为违法犯罪行为人通风报信的，处十日以上十五日以下拘留。"
56. √，解析：《治安管理处罚法》第 75 条。
57. √，解析：《治安管理处罚法》第 77 条。
58. ×，解析：《治安管理处罚法》第 78 条规定，公安机关受理报案、控告、举报、投案后，认为属于违反治安管理行为的，应当立即进行调查；认为不属于违反治安管理行为的，应当告知报案人、控告人、举报人、投案人，并说明理由。
59. √，解析：《治安管理处罚法》第 79 条第 2 款。
60. √，解析：《治安管理处罚法》第 80 条。
61. √，解析：《治安管理处罚法》第 81 条第 1 款。
62. √，解析：《治安管理处罚法》第 82 条第 1 款规定，需要传唤违反治安管理行为人接受调查的，经公安机关办案部门负责人批准，使用传唤证传唤。对现场发现的违反治安管理行为人，人民警察经出示工作证件，可以口头传唤，但应当在询问笔录中注明。
63. √，解析：《治安管理处罚法》第 83 条第 1 款。
64. ×，解析：《治安管理处罚法》第 84 条第 1 款规定，询问笔录应当交被询问人核对；对没有阅读能力的，应当向其宣读。记载有遗漏或者差错的，被询问人可以提出补充或者更正。被询问人确认笔录无误后，应当签名或者盖章，询问的人民警察也应当在笔录上签名。
65. √，解析：《治安管理处罚法》第 84 条第 3 款。
66. √，解析：《治安管理处罚法》第 86 条第 1 款。
67. √，解析：《治安管理处罚法》第 87 条第 2 款。
68. √，解析：《治安管理处罚法》第 89 条第 3 款。
69. ×，解析：《治安管理处罚法》第 91 条规定，治安管理处罚由县级以上人民政府公安机关决定；其中警告、500 元以下的罚款可以由公安派出所决定。
70. √，解析：《治安管理处罚法》第 92 条。
71. ×，解析：《治安管理处罚法》第 94 条第 2 款规定，违反治安管理行为人有权陈述和申辩。公安机关必须充分听取违反治安管理行为人的意见，对违反治安管理行为人提出的事实、理由和证据，应当进行复核；违反治安管理行为人提出的事实、理由或者证据成立的，公安机关应当采纳。

72. √，解析：《治安管理处罚法》第96条。
73. ×，解析：《治安管理处罚法》第99条规定，公安机关办理治安案件的期限，自受理之日起不得超过30日；案情重大、复杂的，经上一级公安机关批准，可以延长30日。
74. √，解析：《治安管理处罚法》第101条。
75. √，解析：《治安管理处罚法》第102条。
76. √，解析：《治安管理处罚法》第103条。
77. ×，解析：《治安管理处罚法》第104条规定，受到罚款处罚的人应当自收到处罚决定书之日起15日内，到指定的银行缴纳罚款。
78. √，解析：《治安管理处罚法》第105条。
79. √，解析：《治安管理处罚法》第107条。
80. ×，解析：《治安管理处罚法》第108条规定："担保人应当符合下列条件：（一）与本案无牵连；（二）享有政治权利，人身自由未受到限制；（三）在当地有常住户口和固定住所；（四）有能力履行担保义务。"
81. ×，解析：《治安管理处罚法》第109条第2款规定，担保人不履行担保义务，致使被担保人逃避行政拘留处罚的执行的，由公安机关对其处3000元以下罚款。
82. √，解析：《治安管理处罚法》第111条。
83. √，解析：《治安管理处罚法》第113条。
84. √，解析：《治安管理处罚法》第114条第1款。
85. ×，解析：《治安管理处罚法》第115条规定，公安机关依法实施罚款处罚，应当依照有关法律、行政法规的规定，实行罚款决定与罚款收缴分离；收缴的罚款应当全部上缴国库。
86. √，解析：《治安管理处罚法》第116条。
87. √，解析：《治安管理处罚法》第117条。

（二）单项选择题

1. A，解析：《治安管理处罚法》第4条第2款规定，在中华人民共和国船舶和航空器内发生的违反治安管理行为，除法律有特别规定的外，适用本法。
2. C，解析：《治安管理处罚法》第4条第1款规定，在中华人民共和国领域内发生的违反治安管理行为，除法律有特别规定的外，适用本法。

3. D，解析：《治安管理处罚法》第 5 条第 3 款规定，办理治安案件应当坚持教育与处罚相结合的原则。
4. B，解析：《治安管理处罚法》第 6 条规定，各级人民政府应当加强社会治安综合治理，采取有效措施，化解社会矛盾，增进社会和谐，维护社会稳定。
5. D，解析：《治安管理处罚法》第 6 条规定，各级人民政府应当加强社会治安综合治理，采取有效措施，化解社会矛盾，增进社会和谐，维护社会稳定。
6. C，解析：《治安管理处罚法》第 7 条第 1 款规定，国务院公安部门负责全国的治安管理工作。县级以上地方各级人民政府公安机关负责本行政区域内的治安管理工作。
7. A，解析《治安管理处罚法》第 9 条规定，对于因民间纠纷引起的打架斗殴或者损毁他人财物等违反治安管理行为，情节较轻的，公安机关可以调解处理。经公安机关调解，当事人达成协议的，不予处罚。经调解未达成协议或者达成协议后不履行的，公安机关应当依照本法的规定对违反治安管理行为人给予处罚，并告知当事人可以就民事争议依法向人民法院提起民事诉讼。
8. C，解析：《治安管理处罚法》第 12 条规定，已满 14 周岁不满 18 周岁的人违反治安管理的，从轻或者减轻处罚；不满 14 周岁的人违反治安管理的，不予处罚，但是应当责令其监护人严加管教。
9. D，解析：《治安管理处罚法》第 13 条规定，精神病人在不能辨认或者不能控制自己行为的时候违反治安管理的，不予处罚，但是应当责令其监护人严加看管和治疗。间歇性的精神病人在精神正常的时候违反治安管理的，应当给予处罚。
10. A，解析：《治安管理处罚法》第 15 条第 1 款规定，醉酒的人违反治安管理的，应当给予处罚。
11. B，解析：《治安管理处罚法》第 16 条规定，有两种以上违反治安管理行为的，分别决定，合并执行。行政拘留处罚合并执行的，最长不超过 20 日。
12. C，解析：《治安管理处罚法》第 17 条第 1 款规定，共同违反治安管理的，根据违反治安管理行为人在违反治安管理行为中所起的作用，分别处罚。
13. D，解析：《治安管理处罚法》第 21 条规定："违反治安管理行为人有下列情形之一，依照本法应当给予行政拘留处罚的，不执行行政拘留处罚：（一）已满十四周岁不满十六周岁的；（二）已满十六周岁不满十八周岁，初次违反治安管理的；（三）七十周岁以上的；（四）怀孕或者哺乳自己不满一周岁婴儿的。"

14. B，解析：《治安管理处罚法》第 22 条第 1 款规定，违反治安管理行为在 6 个月内没有被公安机关发现的，不再处罚。
15. D，解析：《治安管理处罚法》第 23 条规定，破坏依法进行的选举秩序的，处警告或者 200 元以下罚款；情节较重的，处 5 日以上 10 日以下拘留，可以并处 500 元以下罚款。
16. D，解析：《治安管理处罚法》第 24 条规定，强行进入场内，扰乱文化、体育等大型群众性活动秩序的，处警告或者 200 元以下罚款；情节较重的，处 5 日以上 10 日以下拘留，可以并处 500 元以下罚款。
17. B，解析：《治安管理处罚法》第 25 条规定，散布谣言，扰乱公共秩序，情节较轻的，处 5 日以下拘留或者 500 元以下罚款。
18. D，解析：《治安管理处罚法》第 26 条规定，结伙斗殴的，处 5 日以上 10 日以下拘留，可以并处 500 元以下罚款；情节较重的，处 10 日以上 15 日以下拘留，可以并处 1000 元以下罚款。
19. C，解析：《治安管理处罚法》第 27 条规定，煽动他人从事邪教、会道门活动或者利用邪教、会道门、迷信活动，扰乱社会秩序、损害他人身体健康的，处 10 日以上 15 日以下拘留，可以并处 1000 元以下罚款；情节较轻的，处 5 日以上 10 日以下拘留，可以并处 500 元以下罚款。
20. D，解析：《治安管理处罚法》第 29 条规定，违反国家规定，侵入计算机信息系统，造成危害的，处 5 日以下拘留；情节较重的，处 5 日以上 10 日以下拘留。
21. B，解析：《治安管理处罚法》第 31 条规定："爆炸性、毒害性、放射性、腐蚀性物质或者传染病病原体等危险物质被盗、被抢或者丢失，未按规定报告的，处五日以下拘留；故意隐瞒不报的，处五日以上十日以下拘留。"
22. D，解析：《治安管理处罚法》第 32 条第 1 款规定："非法携带枪支、弹药或者弩、匕首等国家规定的管制器具的，处五日以下拘留，可以并处五百元以下罚款；情节较轻的，处警告或者二百元以下罚款。"
23. D，解析：《治安管理处罚法》第 34 条第 1 款规定："盗窃、损坏、擅自移动使用中的航空设施，或者强行进入航空器驾驶舱的，处十日以上十五日以下拘留。"
24. C，解析：《治安管理处罚法》第 36 条规定："擅自进入铁路防护网或者火车来临时在铁路线路上行走坐卧、抢越铁路，影响行车安全的，处警告或者二百元以下罚款。"

25. C，解析：《治安管理处罚法》第 39 条规定："旅馆、饭店、影剧院、娱乐场、运动场、展览馆或者其他供社会公众活动的场所的经营管理人员，违反安全规定，致使该场所有发生安全事故危险，经公安机关责令改正，拒不改正的，处五日以下拘留。"
26. B，解析：《治安管理处罚法》第 41 条第 1 款规定："胁迫、诱骗或者利用他人乞讨的，处十日以上十五日以下拘留，可以并处一千元以下罚款。"
27. C，解析：《治安管理处罚法》第 41 条第 1 款规定："胁迫、诱骗或者利用他人乞讨的，处十日以上十五日以下拘留，可以并处一千元以下罚款。"
28. D，解析：《治安管理处罚法》第 44 条规定："猥亵他人的，或者在公共场所故意裸露身体，情节恶劣的，处五日以上十日以下拘留；猥亵智力残疾人、精神病人、不满十四周岁的人或者有其他严重情节的，处十日以上十五日以下拘留。"
29. C，解析：《治安管理处罚法》第 45 条规定："有下列行为之一的，处五日以下拘留或者警告：（一）虐待家庭成员，被虐待人要求处理的；（二）遗弃没有独立生活能力的被扶养人的。"
30. C，解析：《治安管理处罚法》第 46 条规定："强买强卖商品，强迫他人提供服务或者强迫他人接受服务的，处五日以上十日以下拘留，并处二百元以上五百元以下罚款；情节较轻的，处五日以下拘留或者五百元以下罚款。"
31. A，解析：《治安管理处罚法》第 48 条规定："冒领、隐匿、毁弃、私自开拆或者非法检查他人邮件的，处五日以下拘留或者五百元以下罚款。"
32. C，解析：《治安管理处罚法》第 49 条规定："盗窃、诈骗、哄抢、抢夺、敲诈勒索或者故意损毁公私财物的，处五日以上十日以下拘留，可以并处五百元以下罚款；情节较重的，处十日以上十五日以下拘留，可以并处一千元以下罚款。"
33. C，解析：《治安管理处罚法》第 51 条第 2 款规定，冒充军警人员招摇撞骗的，从重处罚。
34. B，解析：《治安管理处罚法》第 53 条规定："船舶擅自进入、停靠国家禁止、限制进入的水域或者岛屿的，对船舶负责人及有关责任人员处五百元以上一千元以下罚款；情节严重的，处五日以下拘留，并处五百元以上一千元以下罚款。"
35. C，解析：《治安管理处罚法》第 56 条第 2 款规定："旅馆业的工作人员明知住宿的旅客是犯罪嫌疑人员或者被公安机关通缉的人员，不向公安机关报告的，处二百元以上五百元以下罚款；情节严重的，处五日以下拘留，可以并处五百元以下罚款。"

36. B，解析：《治安管理处罚法》第 57 条第 1 款规定："房屋出租人将房屋出租给无身份证件的人居住的，或者不按规定登记承租人姓名、身份证件种类和号码的，处二百元以上五百元以下罚款。"

37. B，解析：《治安管理处罚法》第 58 条规定："违反关于社会生活噪声污染防治的法律规定，制造噪声干扰他人正常生活的，处警告；警告后不改正的，处二百元以上五百元以下罚款。"

38. D，解析：《治安管理处罚法》第 59 条规定："有下列行为之一的，处五百元以上一千元以下罚款；情节严重的，处五日以上十日以下拘留，并处五百元以上一千元以下罚款：（一）典当业工作人员承接典当的物品，不查验有关证明、不履行登记手续，或者明知是违法犯罪嫌疑人、赃物，不向公安机关报告的；（二）违反国家规定，收购铁路、油田、供电、电信、矿山、水利、测量和城市公用设施等废旧专用器材的；（三）收购公安机关通报寻查的赃物或者有赃物嫌疑的物品的；（四）收购国家禁止收购的其他物品的。"

39. C，解析：《治安管理处罚法》第 61 条规定："协助组织或者运送他人偷越国（边）境的，处十日以上十五日以下拘留，并处一千元以上五千元以下罚款。"

40. B，解析：《治安管理处罚法》第 64 条规定："有下列行为之一的，处五百元以上一千元以下罚款；情节严重的，处十日以上十五日以下拘留，并处五百元以上一千元以下罚款：（一）偷开他人机动车的；（二）未取得驾驶证驾驶或者偷开他人航空器、机动船舶的。"

41. C，解析：《治安管理处罚法》第 65 条规定："有下列行为之一的，处五日以上十日以下拘留；情节严重的，处十日以上十五日以下拘留，可以并处一千元以下罚款：（一）故意破坏、污损他人坟墓或者毁坏、丢弃他人尸骨、骨灰的；（二）在公共场所停放尸体或者因停放尸体影响他人正常生活、工作秩序，不听劝阻的。"

42. D，解析：《治安管理处罚法》第 66 条第 2 款规定："在公共场所拉客招嫖的，处五日以下拘留或者五百元以下罚款。"

43. B，解析：《治安管理处罚法》第 67 条规定："引诱、容留、介绍他人卖淫的，处十日以上十五日以下拘留，可以并处五千元以下罚款；情节较轻的，处五日以下拘留或者五百元以下罚款。"

44. C，解析：《治安管理处罚法》第 68 条规定："制作、运输、复制、出售、出租淫秽的书刊、图片、影片、音像制品等淫秽物品或者利用计算机信息网络、电话以及其他通讯工具传播淫秽信息的，处十日以上十五日以下拘留，可以并处三千元以下罚款；情节较轻的，处五日以下拘留或者五百元以下罚款。"

45. D，解析：《治安管理处罚法》第 69 条第 1 款规定："有下列行为之一的，处十日以上十五日以下拘留，并处五百元以上一千元以下罚款：（一）组织播放淫秽音像的；（二）组织或者进行淫秽表演的；（三）参与聚众淫乱活动的。"

46. C，解析：《治安管理处罚法》第 70 条规定："以营利为目的，为赌博提供条件的，或者参与赌博赌资较大的，处五日以下拘留或者五百元以下罚款；情节严重的，处十日以上十五日以下拘留，并处五百元以上三千元以下罚款。"

47. D，解析：《治安管理处罚法》第 72 条规定："有下列行为之一的，处十日以上十五日以下拘留，可以并处二千元以下罚款；情节较轻的，处五日以下拘留或者五百元以下罚款：（一）非法持有鸦片不满二百克、海洛因或者甲基苯丙胺不满十克或者其他少量毒品的；（二）向他人提供毒品的；（三）吸食、注射毒品的；（四）胁迫、欺骗医务人员开具麻醉药品、精神药品的。"

48. C，解析：《治安管理处罚法》第 73 条规定："教唆、引诱、欺骗他人吸食、注射毒品的，处十日以上十五日以下拘留，并处五百元以上二千元以下罚款。"

49. B，解析：《治安管理处罚法》第 77 条规定，公安机关对报案、控告、举报或者违反治安管理行为人主动投案，以及其他行政主管部门、司法机关移送的违反治安管理案件，应当及时受理，并进行登记。

50. A，解析：《治安管理处罚法》第 78 条规定，公安机关受理报案、控告、举报、投案后，认为属于违反治安管理行为的，应当立即进行调查；认为不属于违反治安管理行为的，应当告知报案人、控告人、举报人、投案人，并说明理由。

51. A，解析：《治安管理处罚法》第 79 条规定，公安机关及其人民警察对治安案件的调查，应当依法进行。严禁刑讯逼供或者采用威胁、引诱、欺骗等非法手段收集证据。以非法手段收集的证据不得作为处罚的根据。

52. D，解析：《治安管理处罚法》第 81 条第 1 款规定："人民警察在办理治安案件过程中，遇有下列情形之一的，应当回避；违反治安管理行为人、被侵害人或者其法定代理人也有权要求他们回避：（一）是本案当事人或者当事人的近亲属的；（二）本人或者其近亲属与本案有利害关系的；（三）与本案当事人有其他关系，可能影响案件公正处理的。”

53. B，解析：《治安管理处罚法》第 82 条第 1 款规定，需要传唤违反治安管理行为人接受调查的，经公安机关办案部门负责人批准，使用传唤证传唤。对现场发现的违反治安管理行为人，人民警察经出示工作证件，可以口头传唤，但应当在询问笔录中注明。

54. C，解析：《治安管理处罚法》第 83 条第 1 款规定，对违反治安管理行为人，公安机关传唤后应当及时询问查证，询问查证的时间不得超过 8 小时；情况复杂，依照本法规定可能适用行政拘留处罚的，询问查证的时间不得超过 24 小时。

55. D，解析：《治安管理处罚法》第 84 条第 3 款规定，询问不满 16 周岁的违反治安管理行为人，应当通知其父母或者其他监护人到场。

56. D，解析：《治安管理处罚法》第 85 条规定，人民警察询问被侵害人或者其他证人，可以到其所在单位或者住处进行；必要时，也可以通知其到公安机关提供证言。人民警察在公安机关以外询问被侵害人或者其他证人，应当出示工作证件。询问被侵害人或者其他证人，同时适用本法第 84 条的规定。

57. B，解析：《治安管理处罚法》第 87 条第 1 款规定，公安机关对与违反治安管理行为有关的场所、物品、人身可以进行检查。检查时，人民警察不得少于 2 人，并应当出示工作证件和县级以上人民政府公安机关开具的检查证明文件。对确有必要立即进行检查的，人民警察经出示工作证件，可以当场检查，但检查公民住所应当出示县级以上人民政府公安机关开具的检查证明文件。

58. A，解析：《治安管理处罚法》第 89 条第 1 款规定，公安机关办理治安案件，对与案件有关的需要作为证据的物品，可以扣押；对被侵害人或者善意第三人合法占有的财产，不得扣押，应当予以登记。对与案件无关的物品，不得扣押。

59. D，解析：《治安管理处罚法》第 91 条规定，治安管理处罚由县级以上人民政府公安机关决定；其中警告、500 元以下的罚款可以由公安派出所决定。

60. A，解析：《治安管理处罚法》第 92 条规定，对决定给予行政拘留处罚的人，在处罚前已经采取强制措施限制人身自由的时间，应当折抵。限制人身自由 1 日，折抵行政拘留 1 日。

61. C，解析：《治安管理处罚法》第 93 条规定，公安机关查处治安案件，对没有本人陈述，但其他证据能够证明案件事实的，可以作出治安管理处罚决定。但是，只有本人陈述，没有其他证据证明的，不能作出治安管理处罚决定。
62. C，解析：《治安管理处罚法》第 94 条规定，公安机关作出治安管理处罚决定前，应当告知违反治安管理行为人作出治安管理处罚的事实、理由及依据，并告知违反治安管理行为人依法享有的权利。违反治安管理行为人有权陈述和申辩。公安机关必须充分听取违反治安管理行为人的意见，对违反治安管理行为人提出的事实、理由和证据，应当进行复核；违反治安管理行为人提出的事实、理由或者证据成立的，公安机关应当采纳。公安机关不得因违反治安管理行为人的陈述、申辩而加重处罚。
63. C，解析：《治安管理处罚法》第 96 条第 1 款规定，公安机关作出治安管理处罚决定的，应当制作治安管理处罚决定书。
64. B，解析：《治安管理处罚法》第 97 条规定，公安机关应当向被处罚人宣告治安管理处罚决定书，并当场交付被处罚人；无法当场向被处罚人宣告的，应当在 2 日内送达被处罚人。决定给予行政拘留处罚的，应当及时通知被处罚人的家属。有被侵害人的，公安机关应当将决定书副本抄送被侵害人。
65. D，解析：《治安管理处罚法》第 99 条规定，公安机关办理治安案件的期限，自受理之日起不得超过 30 日；案情重大、复杂的，经上一级公安机关批准，可以延长 30 日。
66. C，解析：《治安管理处罚法》第 101 条第 1 款规定，当场作出治安管理处罚决定的，人民警察应当向违反治安管理行为人出示工作证件，并填写处罚决定书。处罚决定书应当当场交付被处罚人；有被侵害人的，并将决定书副本抄送被侵害人。
67. A，解析：《治安管理处罚法》第 102 条规定，被处罚人对治安管理处罚决定不服的，可以依法申请行政复议或者提起行政诉讼。
68. C，解析：《治安管理处罚法》第 103 条规定，对被决定给予行政拘留处罚的人，由作出决定的公安机关送达拘留所执行。
69. B，解析：《治安管理处罚法》第 104 条规定，受到罚款处罚的人应当自收到处罚决定书之日起 15 日内，到指定的银行缴纳罚款。
70. D，解析：《治安管理处罚法》第 105 条规定，人民警察当场收缴的罚款，应当自收缴罚款之日起 2 日内，交至所属的公安机关；在水上、旅客列车上当场收缴的罚款，应当自抵岸或者到站之日起 2 日内，交至所属的公安机关；公安机关应当自收到罚款之日起 2 日内将罚款缴付指定的银行。

71. C，解析：《治安管理处罚法》第 107 条规定，被处罚人不服行政拘留处罚决定，申请行政复议、提起行政诉讼的，可以向公安机关提出暂缓执行行政拘留的申请。公安机关认为暂缓执行行政拘留不致发生社会危险的，由被处罚人或者其近亲属提出符合本法第 108 条规定条件的担保人，或者按每日行政拘留 200 元的标准交纳保证金，行政拘留的处罚决定暂缓执行。
72. A，解析：《治安管理处罚法》第 109 条规定，担保人应当保证被担保人不逃避行政拘留处罚的执行。担保人不履行担保义务，致使被担保人逃避行政拘留处罚的执行的，由公安机关对其处 3000 元以下罚款。
73. B，解析：《治安管理处罚法》第 110 条规定，被决定给予行政拘留处罚的人交纳保证金，暂缓行政拘留后，逃避行政拘留处罚的执行的，保证金予以没收并上缴国库，已经作出的行政拘留决定仍应执行。
74. D，解析：《治安管理处罚法》第 112 条规定，公安机关及其人民警察应当依法、公正、严格、高效办理治安案件，文明执法，不得徇私舞弊。
75. A，解析：《治安管理处罚法》第 115 条规定，公安机关依法实施罚款处罚，应当依照有关法律、行政法规的规定，实行罚款决定与罚款收缴分离；收缴的罚款应当全部上缴国库。
76. A，解析：《治安管理处罚法》第 117 条规定，公安机关及其人民警察违法行使职权，侵犯公民、法人和其他组织合法权益的，应当赔礼道歉；造成损害的，应当依法承担赔偿责任。

（三）多项选择题

1. ABCD，解析：《治安管理处罚法》第 2 条规定，扰乱公共秩序，妨害公共安全，侵犯人身权利、财产权利，妨害社会管理，具有社会危害性，依照《中华人民共和国刑法》的规定构成犯罪的，依法追究刑事责任；尚不够刑事处罚的，由公安机关依照本法给予治安管理处罚。
2. ABCD，解析：《治安管理处罚法》第 5 条第 2 款规定，实施治安管理处罚，应当公开、公正，尊重和保障人权，保护公民的人格尊严。
3. ABCD，解析：《治安管理处罚法》第 6 条规定，各级人民政府应当加强社会治安综合治理，采取有效措施，化解社会矛盾，增进社会和谐，维护社会稳定。
4. AC，解析：《治安管理处罚法》第 7 条规定，国务院公安部门负责全国的治安管理工作。县级以上地方各级人民政府公安机关负责本行政区域内的治安管理工作。治安案件的管辖由国务院公安部门规定。

5. AD，解析：《治安管理处罚法》第 8 条规定，违反治安管理的行为对他人造成损害的，行为人或者其监护人应当依法承担民事责任。
6. ABCD，解析：《治安管理处罚法》第 10 条规定："治安管理处罚的种类分为：（一）警告；（二）罚款；（三）行政拘留；（四）吊销公安机关发放的许可证。"
7. AC，解析：《治安管理处罚法》第 11 条第 1 款规定，办理治安案件所查获的毒品、淫秽物品等违禁品，赌具、赌资，吸食、注射毒品的用具以及直接用于实施违反治安管理行为的本人所有的工具，应当收缴，按照规定处理。
8. AC，解析：《治安管理处罚法》第 13 条规定，精神病人在不能辨认或者不能控制自己行为的时候违反治安管理的，不予处罚，但是应当责令其监护人严加看管和治疗。间歇性的精神病人在精神正常的时候违反治安管理的，应当给予处罚。
9. BD，解析：《治安管理处罚法》第 14 条规定，盲人或者又聋又哑的人违反治安管理的，可以从轻、减轻或者不予处罚。
10. ABD，解析：《治安管理处罚法》第 15 条第 2 款规定，醉酒的人在醉酒状态中，对本人有危险或者对他人的人身、财产或者公共安全有威胁的，应当对其采取保护性措施约束至酒醒。
11. ABC，解析：《治安管理处罚法》第 19 条规定："违反治安管理有下列情形之一的，减轻处罚或者不予处罚：（一）情节特别轻微的；（二）主动消除或者减轻违法后果，并取得被侵害人谅解的；（三）出于他人胁迫或者诱骗的；（四）主动投案，向公安机关如实陈述自己的违法行为的；（五）有立功表现的。"
12. ABCD，解析：《治安管理处罚法》第 20 条规定："违反治安管理有下列情形之一的，从重处罚：（一）有较严重后果的；（二）教唆、胁迫、诱骗他人违反治安管理的；（三）对报案人、控告人、举报人、证人打击报复的；（四）六个月内曾受过治安管理处罚的。"
13. ABCD，解析：《治安管理处罚法》第 21 条规定："违反治安管理行为人有下列情形之一，依照本法应当给予行政拘留处罚的，不执行行政拘留处罚：（一）已满十四周岁不满十六周岁的；（二）已满十六周岁不满十八周岁，初次违反治安管理的；（三）七十周岁以上的；（四）怀孕或者哺乳自己不满一周岁婴儿的。”

14. ABC，解析：《治安管理处罚法》第23条规定：“有下列行为之一的，处警告或者二百元以下罚款；情节较重的，处五日以上十日以下拘留，可以并处五百元以下罚款：（一）扰乱机关、团体、企业、事业单位秩序，致使工作、生产、营业、医疗、教学、科研不能正常进行，尚未造成严重损失的；（二）扰乱车站、港口、码头、机场、商场、公园、展览馆或者其他公共场所秩序的；（三）扰乱公共汽车、电车、火车、船舶、航空器或者其他公共交通工具上的秩序的；（四）非法拦截或者强登、扒乘机动车、船舶、航空器以及其他交通工具，影响交通工具正常行驶的；（五）破坏依法进行的选举秩序的。聚众实施前款行为的，对首要分子处十日以上十五日以下拘留，可以并处一千元以下罚款。”

15. ABD，解析：《治安管理处罚法》第24条第1款规定：“有下列行为之一，扰乱文化、体育等大型群众性活动秩序的，处警告或者二百元以下罚款；情节严重的，处五日以上十日以下拘留，可以并处五百元以下罚款：（一）强行进入场内的；（二）违反规定，在场内燃放烟花爆竹或者其他物品的；（三）展示侮辱性标语、条幅等物品的；（四）围攻裁判员、运动员或者其他工作人员的；（五）向场内投掷杂物，不听制止的；（六）扰乱大型群众性活动秩序的其他行为。”

16. ABC，解析：《治安管理处罚法》第25条规定：“有下列行为之一的，处五日以上十日以下拘留，可以并处五百元以下罚款；情节较轻的，处五日以下拘留或者五百元以下罚款：（一）散布谣言，谎报险情、疫情、警情或者以其他方法故意扰乱公共秩序的；（二）投放虚假的爆炸性、毒害性、放射性、腐蚀性物质或者传染病病原体等危险物质扰乱公共秩序的；（三）扬言实施放火、爆炸、投放危险物质扰乱公共秩序的。”

17. ABCD，解析：《治安管理处罚法》第26条规定：“有下列行为之一的，处五日以上十日以下拘留，可以并处五百元以下罚款；情节较重的，处十日以上十五日以下拘留，可以并处一千元以下罚款：（一）结伙斗殴的；（二）追逐、拦截他人的；（三）强拿硬要或者任意损毁、占用公私财物的；（四）其他寻衅滋事行为。”

18. ABCD，解析：《治安管理处罚法》第27条规定：“有下列行为之一的，处十日以上十五日以下拘留，可以并处一千元以下罚款；情节较轻的，处五日以上十日以下拘留，可以并处五百元以下罚款：（一）组织、教唆、胁迫、诱骗、煽动他人从事邪教、会道门活动或者利用邪教、会道门、迷信活动，扰乱社会秩序、损害他人身体健康的；（二）冒用宗教、气功名义进行扰乱社会秩序、损害他人身体健康活动的。”

19. CD，解析：《治安管理处罚法》第 29 条规定：“有下列行为之一的，处五日以下拘留；情节较重的，处五日以上十日以下拘留：（一）违反国家规定，侵入计算机信息系统，造成危害的；（二）违反国家规定，对计算机信息系统功能进行删除、修改、增加、干扰，造成计算机信息系统不能正常运行的；（三）违反国家规定，对计算机信息系统中存储、处理、传输的数据和应用程序进行删除、修改、增加的；（四）故意制作、传播计算机病毒等破坏性程序，影响计算机信息系统正常运行的。”

20. ABCD，解析：《治安管理处罚法》第 30 条规定：“违反国家规定，制造、买卖、储存、运输、邮寄、携带、使用、提供、处置爆炸性、毒害性、放射性、腐蚀性物质或者传染病病原体等危险物质的，处十日以上十五日以下拘留；情节较轻的，处五日以上十日以下拘留。”

21. AB，解析：《治安管理处罚法》第 32 条第 1 款规定：“非法携带枪支、弹药或者弩、匕首等国家规定的管制器具的，处五日以下拘留，可以并处五百元以下罚款；情节较轻的，处警告或者二百元以下罚款。”

22. ABC，解析：《治安管理处罚法》第 32 条第 2 款规定：“非法携带枪支、弹药或者弩、匕首等国家规定的管制器具进入公共场所或者公共交通工具的，处五日以上十日以下拘留，可以并处五百元以下罚款。”

23. ABD，解析：《治安管理处罚法》第 34 条第 1 款规定：“盗窃、损坏、擅自移动使用中的航空设施，或者强行进入航空器驾驶舱的，处十日以上十五日以下拘留。”

24. ABCD，解析：《治安管理处罚法》第 35 条规定：“有下列行为之一的，处五日以上十日以下拘留，可以并处五百元以下罚款；情节较轻的，处五日以下拘留或者五百元以下罚款：（一）盗窃、损毁或者擅自移动铁路设施、设备、机车车辆配件或者安全标志的；（二）在铁路线路上放置障碍物，或者故意向列车投掷物品的；（三）在铁路线路、桥梁、涵洞处挖掘坑穴、采石取沙的；（四）在铁路线路上私设道口或者平交过道的。”

25. AC，解析：《治安管理处罚法》第 36 条规定：“擅自进入铁路防护网或者火车来临时在铁路线路上行走坐卧、抢越铁路，影响行车安全的，处警告或者二百元以下罚款。"

26. ABC，解析：《治安管理处罚法》第 37 条规定："有下列行为之一的，处五日以下拘留或者五百元以下罚款；情节严重的，处五日以上十日以下拘留，可以并处五百元以下罚款：（一）未经批准，安装、使用电网的，或者安装、使用电网不符合安全规定的；（二）在车辆、行人通行的地方施工，对沟井坎穴不设覆盖物、防围和警示标志的，或者故意损毁、移动覆盖物、防围和警示标志的；（三）盗窃、损毁路面井盖、照明等公共设施的。"
27. BD，解析：《治安管理处罚法》第 38 条规定："举办文化、体育等大型群众性活动，违反有关规定，有发生安全事故危险的，责令停止活动，立即疏散。对组织者处五日以上十日以下拘留，并处二百元以上五百元以下罚款；情节较轻的，处五日以下拘留或者五百元以下罚款。"
28. ABCD，解析：《治安管理处罚法》第 39 条规定："旅馆、饭店、影剧院、娱乐场、运动场、展览馆或者其他供社会公众活动的场所的经营管理人员，违反安全规定，致使该场所有发生安全事故危险，经公安机关责令改正，拒不改正的，处五日以下拘留。"
29. ABC，解析：《治安管理处罚法》第 40 条规定："有下列行为之一的，处十日以上十五日以下拘留，并处五百元以上一千元以下罚款；情节较轻的，处五日以上十日以下拘留，并处二百元以上五百元以下罚款：（一）组织、胁迫、诱骗不满十六周岁的人或者残疾人进行恐怖、残忍表演的；（二）以暴力、威胁或者其他手段强迫他人劳动的；（三）非法限制他人人身自由、非法侵入他人住宅或者非法搜查他人身体的。"
30. ABC，解析：《治安管理处罚法》第 42 条规定："有下列行为之一的，处五日以下拘留或者五百元以下罚款；情节较重的，处五日以上十日以下拘留，可以并处五百元以下罚款：（一）写恐吓信或者以其他方法威胁他人人身安全的；（二）公然侮辱他人或者捏造事实诽谤他人的；（三）捏造事实诬告陷害他人，企图使他人受到刑事追究或者受到治安管理处罚的；（四）对证人及其近亲属进行威胁、侮辱、殴打或者打击报复的；（五）多次发送淫秽、侮辱、恐吓或者其他信息，干扰他人正常生活的；（六）偷窥、偷拍、窃听、散布他人隐私的。"
31. BCD，解析：《治安管理处罚法》第 43 条第 2 款规定："有下列情形之一的，处十日以上十五日以下拘留，并处五百元以上一千元以下罚款：（一）结伙殴打、伤害他人的；（二）殴打、伤害残疾人、孕妇、不满十四周岁的人或者六十周岁以上的人的；（三）多次殴打、伤害他人或者一次殴打、伤害多人的。”

32. ABD，解析：《治安管理处罚法》第 44 条规定：“猥亵他人的，或者在公共场所故意裸露身体，情节恶劣的，处五日以上十日以下拘留；猥亵智力残疾人、精神病人、不满十四周岁的人或者有其他严重情节的，处十日以上十五日以下拘留。”

33. ABCD，解析：《治安管理处罚法》第 47 条规定：“煽动民族仇恨、民族歧视，或者在出版物、计算机信息网络中刊载民族歧视、侮辱内容的，处十日以上十五日以下拘留，可以并处一千元以下罚款。”

34. BCD，解析：《治安管理处罚法》第 48 条规定：“冒领、隐匿、毁弃、私自开拆或者非法检查他人邮件的，处五日以下拘留或者五百元以下罚款。”

35. ABCD，解析：《治安管理处罚法》第 50 条规定：“有下列行为之一的，处警告或者二百元以下罚款；情节严重的，处五日以上十日以下拘留，可以并处五百元以下罚款：（一）拒不执行人民政府在紧急状态情况下依法发布的决定、命令的；（二）阻碍国家机关工作人员依法执行职务的；（三）阻碍执行紧急任务的消防车、救护车、工程抢险车、警车等车辆通行的；（四）强行冲闯公安机关设置的警戒带、警戒区的。阻碍人民警察依法执行职务的，从重处罚。”

36. ABCD，解析：《治安管理处罚法》第 52 条规定：“有下列行为之一的，处十日以上十五日以下拘留，可以并处一千元以下罚款；情节较轻的，处五日以上十日以下拘留，可以并处五百元以下罚款：（一）伪造、变造或者买卖国家机关、人民团体、企业、事业单位或者其他组织的公文、证件、证明文件、印章的；（二）买卖或者使用伪造、变造的国家机关、人民团体、企业、事业单位或者其他组织的公文、证件、证明文件的；（三）伪造、变造、倒卖车票、船票、航空客票、文艺演出票、体育比赛入场券或者其他有价票证、凭证的；（四）伪造、变造船舶户牌，买卖或者使用伪造、变造的船舶户牌，或者涂改船舶发动机号码的。”

37. ABCD，解析：《治安管理处罚法》第 53 条规定：“船舶擅自进入、停靠国家禁止、限制进入的水域或者岛屿的，对船舶负责人及有关责任人员处五百元以上一千元以下罚款；情节严重的，处五日以下拘留，并处五百元以上一千元以下罚款。”

38. AC，解析：《治安管理处罚法》第 55 条规定：“煽动、策划非法集会、游行、示威，不听劝阻的，处十日以上十五日以下拘留。”

39. BD，解析：《治安管理处罚法》第 63 条规定：“有下列行为之一的，处警告或者二百元以下罚款；情节较重的，处五日以上十日以下拘留，并处二百元以上五百元以下罚款：（一）刻划、涂污或者以其他方式故意损坏国家保护的文物、名胜古迹的；（二）违反国家规定，在文物保护单位附近进行爆破、挖掘等活动，危及文物安全的。”

40. ABC，解析：《治安管理处罚法》第 64 条规定：“有下列行为之一的，处五百元以上一千元以下罚款；情节严重的，处十日以上十五日以下拘留，并处五百元以上一千元以下罚款：（一）偷开他人机动车的；（二）未取得驾驶证驾驶或者偷开他人航空器、机动船舶的。”

41. ABCD，解析：《治安管理处罚法》第 65 条规定：“有下列行为之一的，处五日以上十日以下拘留；情节严重的，处十日以上十五日以下拘留，可以并处一千元以下罚款：（一）故意破坏、污损他人坟墓或者毁坏、丢弃他人尸骨、骨灰的；（二）在公共场所停放尸体或者因停放尸体影响他人正常生活、工作秩序，不听劝阻的。”

42. ABC，解析：《治安管理处罚法》第 67 条规定：“引诱、容留、介绍他人卖淫的，处十日以上十五日以下拘留，可以并处五千元以下罚款；情节较轻的，处五日以下拘留或者五百元以下罚款。”

43. ABCD，解析：《治安管理处罚法》第 68 条规定：“制作、运输、复制、出售、出租淫秽的书刊、图片、影片、音像制品等淫秽物品或者利用计算机信息网络、电话以及其他通讯工具传播淫秽信息的，处十日以上十五日以下拘留，可以并处三千元以下罚款；情节较轻的，处五日以下拘留或者五百元以下罚款。”

44. BCD，解析：《治安管理处罚法》第 73 条规定：“教唆、引诱、欺骗他人吸食、注射毒品的，处十日以上十五日以下拘留，并处五百元以上二千元以下罚款。”

45. ABCD，解析：《治安管理处罚法》第 71 条规定：“有下列行为之一的，处十日以上十五日以下拘留，可以并处三千元以下罚款；情节较轻的，处五日以下拘留或者五百元以下罚款：（一）非法种植罂粟不满五百株或者其他少量毒品原植物的；（二）非法买卖、运输、携带、持有少量未经灭活的罂粟等毒品原植物种子或者幼苗的；（三）非法运输、买卖、储存、使用少量罂粟壳的。有前款第一项行为，在成熟前自行铲除的，不予处罚。”

46. ABCD，解析：《治安管理处罚法》第 69 条规定："有下列行为之一的，处十日以上十五日以下拘留，并处五百元以上一千元以下罚款：（一）组织播放淫秽音像的；（二）组织或者进行淫秽表演的；（三）参与聚众淫乱活动的。明知他人从事前款活动，为其提供条件的，依照前款的规定处罚。"
47. AC，解析：《治安管理处罚法》第 74 条规定："旅馆业、饮食服务业、文化娱乐业、出租汽车业等单位的人员，在公安机关查处吸毒、赌博、卖淫、嫖娼活动时，为违法犯罪行为人通风报信的，处十日以上十五日以下拘留。"
48. BC，解析：《治安管理处罚法》第 75 条第 1 款规定："饲养动物，干扰他人正常生活的，处警告；警告后不改正的，或者放任动物恐吓他人的，处二百元以上五百元以下罚款。"
49. ABCD，解析：《治安管理处罚法》第 77 条规定，公安机关对报案、控告、举报或者违反治安管理行为人主动投案，以及其他行政主管部门、司法机关移送的违反治安管理案件，应当及时受理，并进行登记。
50. AC，解析：《治安管理处罚法》第 78 条规定，公安机关受理报案、控告、举报、投案后，认为属于违反治安管理行为的，应当立即进行调查；认为不属于违反治安管理行为的，应当告知报案人、控告人、举报人、投案人，并说明理由。
51. ABCD，解析：《治安管理处罚法》第 79 条规定，公安机关及其人民警察对治安案件的调查，应当依法进行。严禁刑讯逼供或者采用威胁、引诱、欺骗等非法手段收集证据。以非法手段收集的证据不得作为处罚的根据。
52. ABD，解析：《治安管理处罚法》第 81 条第 1 款规定："人民警察在办理治安案件过程中，遇有下列情形之一的，应当回避；违反治安管理行为人、被侵害人或者其法定代理人也有权要求他们回避：（一）是本案当事人或者当事人的近亲属的；（二）本人或者其近亲属与本案有利害关系的；（三）与本案当事人有其他关系，可能影响案件公正处理的。"
53. CD，解析：《治安管理处罚法》第 82 条第 2 款规定，公安机关应当将传唤的原因和依据告知被传唤人。对无正当理由不接受传唤或者逃避传唤的人，可以强制传唤。
54. ABCD，解析：《治安管理处罚法》第 84 条第 1 款规定，询问笔录应当交被询问人核对；对没有阅读能力的，应当向其宣读。记载有遗漏或者差错的，被询问人可以提出补充或者更正。被询问人确认笔录无误后，应当签名或者盖章，询问的人民警察也应当在笔录上签名。

55. ABD，解析：《治安管理处罚法》第 85 条规定，人民警察询问被侵害人或者其他证人，可以到其所在单位或者住处进行；必要时，也可以通知其到公安机关提供证言。人民警察在公安机关以外询问被侵害人或者其他证人，应当出示工作证件。询问被侵害人或者其他证人，同时适用本法第 84 条的规定。
56. ABD，解析：《治安管理处罚法》第 88 条规定，检查的情况应当制作检查笔录，由检查人、被检查人和见证人签名或者盖章；被检查人拒绝签名的，人民警察应当在笔录上注明。
57. ABD，解析：《治安管理处罚法》第 89 条第 3 款规定，对扣押的物品，应当妥善保管，不得挪作他用；对不宜长期保存的物品，按照有关规定处理。经查明与案件无关的，应当及时退还；经核实属于他人合法财产的，应当登记后立即退还；满 6 个月无人对该财产主张权利或者无法查清权利人的，应当公开拍卖或者按照国家有关规定处理，所得款项上缴国库。
58. AC，解析：《治安管理处罚法》第 91 条规定，治安管理处罚由县级以上人民政府公安机关决定；其中警告、500 元以下的罚款可以由公安派出所决定。
59. BC，解析：《治安管理处罚法》第 92 条规定，对决定给予行政拘留处罚的人，在处罚前已经采取强制措施限制人身自由的时间，应当折抵。限制人身自由 1 日，折抵行政拘留 1 日。
60. ABCD，解析：《治安管理处罚法》第 94 条第 1 款规定，公安机关作出治安管理处罚决定前，应当告知违反治安管理行为人作出治安管理处罚的事实、理由及依据，并告知违反治安管理行为人依法享有的权利。
61. ABCD，解析：《治安管理处罚法》第 95 条规定："治安案件调查结束后，公安机关应当根据不同情况，分别作出以下处理：（一）确有依法应当给予治安管理处罚的违法行为的，根据情节轻重及具体情况，作出处罚决定；（二）依法不予处罚的，或者违法事实不能成立的，作出不予处罚决定；（三）违法行为已涉嫌犯罪的，移送主管机关依法追究刑事责任；（四）发现违反治安管理行为人有其他违法行为的，在对违反治安管理行为作出处罚决定的同时，通知有关行政主管部门处理。"
62. ABD，解析：《治安管理处罚法》第 96 条规定："公安机关作出治安管理处罚决定的，应当制作治安管理处罚决定书。决定书应当载明下列内容：（一）被处罚人的姓名、性别、年龄、身份证件的名称和号码、住址；（二）违法事实和证据；（三）处罚的种类和依据；（四）处罚的执行方式和期限；（五）对处罚决定不服，申请行政复议、提起行政诉讼的途径和期限；（六）作出处罚决定的公安机关的名称和作出决定的日期。决定书应当由作出处罚决定的公安机关加盖印章。”

63. AC，解析：《治安管理处罚法》第98条规定，公安机关作出吊销许可证以及处2000元以上罚款的治安管理处罚决定前，应当告知违反治安管理行为人有权要求举行听证；违反治安管理行为人要求听证的，公安机关应当及时依法举行听证。

64. BC，解析：《治安管理处罚法》第99条规定，公安机关办理治安案件的期限，自受理之日起不得超过30日；案情重大、复杂的，经上一级公安机关批准，可以延长30日。

65. ABD，解析：《治安管理处罚法》第100条规定，违反治安管理行为事实清楚，证据确凿，处警告或者200元以下罚款的，可以当场作出治安管理处罚决定。

66. ABCD，解析：《治安管理处罚法》第101条第2款规定，前款规定的处罚决定书，应当载明被处罚人的姓名、违法行为、处罚依据、罚款数额、时间、地点以及公安机关名称，并由经办的人民警察签名或者盖章。

67. ACD，解析：《治安管理处罚法》第104条规定：“受到罚款处罚的人应当自收到处罚决定书之日起十五日内，到指定的银行缴纳罚款。但是，有下列情形之一的，人民警察可以当场收缴罚款：（一）被处五十元以下罚款，被处罚人对罚款无异议的；（二）在边远、水上、交通不便地区，公安机关及其人民警察依照本法的规定作出罚款决定后，被处罚人向指定的银行缴纳罚款确有困难，经被处罚人提出的；（三）被处罚人在当地没有固定住所，不当场收缴事后难以执行的。”

68. ACD，解析：《治安管理处罚法》第105条规定：“人民警察当场收缴的罚款，应当自收缴罚款之日起二日内，交至所属的公安机关；在水上、旅客列车上当场收缴的罚款，应当自抵岸或者到站之日起二日内，交至所属的公安机关；公安机关应当自收到罚款之日起二日内将罚款缴付指定的银行。”

69. ABC，解析：《治安管理处罚法》第107条规定：“被处罚人不服行政拘留处罚决定，申请行政复议、提起行政诉讼的，可以向公安机关提出暂缓执行行政拘留的申请。公安机关认为暂缓执行行政拘留不致发生社会危险的，由被处罚人或者其近亲属提出符合本法第一百零八条规定条件的担保人，或者按每日行政拘留二百元的标准交纳保证金，行政拘留的处罚决定暂缓执行。”

70. ABCD，解析：《治安管理处罚法》第108条规定：“担保人应当符合下列条件：（一）与本案无牵连；（二）享有政治权利，人身自由未受到限制；（三）在当地有常住户口和固定住所；（四）有能力履行担保义务。”

71. AD，解析：《治安管理处罚法》第109条规定，担保人应当保证被担保人不逃避行政拘留处罚的执行。担保人不履行担保义务，致使被担保人逃避行政拘留处罚的执行的，由公安机关对其处3000元以下罚款。

72. ABCD，解析：《治安管理处罚法》第110条规定，被决定给予行政拘留处罚的人交纳保证金，暂缓行政拘留后，逃避行政拘留处罚的执行的，保证金予以没收并上缴国库，已经作出的行政拘留决定仍应执行。第111条规定，行政拘留的处罚决定被撤销，或者行政拘留处罚开始执行的，公安机关收取的保证金应当及时退还交纳人。

73. BCD，解析：《治安管理处罚法》第113条规定，公安机关及其人民警察办理治安案件，禁止对违反治安管理行为人打骂、虐待或者侮辱。

74. AC，解析：《治安管理处罚法》第114条第1款规定，公安机关及其人民警察办理治安案件，应当自觉接受社会和公民的监督。

75. ABCD，解析：《治安管理处罚法》第116条第1款规定：“人民警察办理治安案件，有下列行为之一的，依法给予行政处分；构成犯罪的，依法追究刑事责任：（一）刑讯逼供、体罚、虐待、侮辱他人的；（二）超过询问查证的时间限制人身自由的；（三）不执行罚款决定与罚款收缴分离制度或者不按规定将罚没的财物上缴国库或者依法处理的；（四）私分、侵占、挪用、故意损毁收缴、扣押的财物的；（五）违反规定使用或者不及时返还被侵害人财物的；（六）违反规定不及时退还保证金的；（七）利用职务上的便利收受他人财物或者谋取其他利益的；（八）当场收缴罚款不出具罚款收据或者不如实填写罚款数额的；（九）接到要求制止违反治安管理行为的报警后，不及时出警的；（十）在查处违反治安管理活动时，为违法犯罪行为人通风报信的；（十一）有徇私舞弊、滥用职权，不依法履行法定职责的其他情形的。”

（四）填空题

1.《中华人民共和国刑法》。（《治安管理处罚法》第2条）

2.《中华人民共和国行政处罚法》。（《治安管理处罚法》第3条）

3. 事实；社会危害程度。（《治安管理处罚法》第5条）

4. 全国；本行政区域内；国务院公安部门。（《治安管理处罚法》第7条）

5. 民事责任。（《治安管理处罚法》第8条）

6. 民间纠纷。(《治安管理处罚法》第 9 条)
7. 警告；罚款；行政拘留。(《治安管理处罚法》第 10 条)
8. 退还；拍卖。(《治安管理处罚法》第 11 条)
9. 从轻或者减轻；监护人。(《治安管理处罚法》第 12 条)
10. 不能辨认；不能控制。(《治安管理处罚法》第 13 条)
11. 从轻；减轻。(《治安管理处罚法》第 14 条)
12. 合并执行；20 日。(《治安管理处罚法》第 16 条)
13. 被侵害人谅解；胁迫或者诱骗；立功。(《治安管理处罚法》第 19 条)
14. 较严重后果；打击报复；6。(《治安管理处罚法》第 20 条)
15. 6 个月。(《治安管理处罚法》第 22 条)
16. 尚未造成；公共场所；公共交通工具；首要分子。(《治安管理处罚法》第 23 条)
17. 12 个月；强行带离现场。(《治安管理处罚法》第 24 条)
18. 结伙斗殴；公私财物。(《治安管理处罚法》第 26 条)
19. 故意；有害；拒不采取。(《治安管理处罚法》第 28 条
20. 造成危害；正常运行；数据和应用程序。(《治安管理处罚法》第 29 条)
21. 10 日以上 15 日以下；5 日以上 10 日以下。(《治安管理处罚法》第 30 条)
22. 被盗、被抢或者丢失；故意隐瞒不报。(《治安管理处罚法》第 31 条)
23. 公共场所；公共交通工具。(《治安管理处罚法》第 32 条)
24. 10 日以上 15 日以下。(《治安管理处罚法》第 33 条)
25. 使用中；强行进入。(《治安管理处罚法》第 34 条)
26. 警告；200 元。(《治安管理处罚法》第 36 条)
27. 大型；立即。(《治安管理处罚法》第 38 条)
28. 5 日以上 10 日以下；200 元以上 500 元以下。(《治安管理处罚法》第 40 条)
29. 5 日以下。(《治安管理处罚法》第 41 条)
30. 5 日以下；500 元以下。(《治安管理处罚法》第 42 条)
31. 5 日以上 10 日以下；200 元以上 500 元以下。(《治安管理处罚法》第 43 条)
32. 智力残疾人；精神病人；不满 14 周岁。(《治安管理处罚法》第 44 条)
33. 独立生活能力。(《治安管理处罚法》第 45 条)
34. 10 日以上 15 日以下；1000 元。(《治安管理处罚法》第 47 条)
35. 冒领；隐匿；毁弃；私自开拆；非法检查。(《治安管理处罚法》第 48 条)
36. 盗窃；诈骗；哄抢；故意损毁。(《治安管理处罚法》第 49 条)

37. 从重处罚。(《治安管理处罚法》第 50 条)
38. 国家机关工作人员;招摇撞骗。(《治安管理处罚法》第 51 条)
39. 擅自进入;停靠。(《治安管理处罚法》第 53 条)
40. 公安机关。(《治安管理处罚法》第 54 条)
41. 姓名;身份证件;危险物质。(《治安管理处罚法》第 56 条)
42. 无身份证件。(《治安管理处罚法》第 57 条)
43. 引诱;容留;介绍。(《治安管理处罚法》第 67 条)
44. 运输;出售;出租。(《治安管理处罚法》第 68 条)、
45. 营利;提供条件;较大。(《治安管理处罚法》第 70 条)
46. 买卖;运输;携带;持有。(《治安管理处罚法》第 71 条)
47. 教唆;引诱;欺骗。(《治安管理处罚法》第 73 条)
48. 饮食服务业;出租汽车业;通风报信。(《治安管理处罚法》第 74 条)
49. 正常生活;放任。(《治安管理处罚法》第 75 条)
50. 赃物;赃物嫌疑。(《治安管理处罚法》第 59 条)
51. 立即;理由。(《治安管理处罚法》第 78 条)
52. 国家秘密;商业秘密;个人隐私。(《治安管理处罚法》第 80 条)
53. 公安机关;上一级。(《治安管理处罚法》第 81 条)
54. 及时;8 小时;24 小时。(《治安管理处罚法》第 83 条)
55. 16。(《治安管理处罚法》第 84 条)
56. 单位;住处;公安机关。(《治安管理处罚法》第 85 条)
57. 违反治安管理行为人;被侵害人;其他证人。(《治安管理处罚法》第 86 条)
58. 人身;2 人;县级以上。(《治安管理处罚法》第 87 条)
59. 见证人;被扣押物品持有人;2。(《治安管理处罚法》第 89 条)
60. 专门性问题。(《治安管理处罚法》第 90 条)
61. 县级以上;500。(《治安管理处罚法》第 91 条)
62. 人身自由;1 日。(《治安管理处罚法》第 92 条)
63. 可以;不能。(《治安管理处罚法》第 93 条)
64. 陈述;申辩。(《治安管理处罚法》第 94 条)
65. 宣告;2 日。(《治安管理处罚法》第 97 条)
66. 吊销许可证;2000;应当。(《治安管理处罚法》第 98 条)
67. 30 日;30 日。(《治安管理处罚法》第 99 条)
68. 警告;200。(《治安管理处罚法》第 100 条)

69. 24 小时。(《治安管理处罚法》第 101 条)
70. 拘留所。(《治安管理处罚法》第 103 条)
71. 15 日。(《治安管理处罚法》第 104 条)
72. 2 日；2 日；2 日。(《治安管理处罚法》第 105 条)
73. 省、自治区、直辖市；拒绝。(《治安管理处罚法》第 106 条)
74. 暂缓执行。(《治安管理处罚法》第 107 条)
75. 仍应执行。(《治安管理处罚法》第 110 条)
76. 被撤销；开始执行。(《治安管理处罚法》第 111 条)
77. 任何单位和个人。(《治安管理处罚法》第 114 条)
78. 分离；国库。(《治安管理处罚法》第 115 条)
79. 赔礼道歉。(《治安管理处罚法》第 117 条)

(五) 简答题

1.《治安管理处罚法》第 5 条规定，治安管理处罚必须以事实为依据，与违反治安管理行为的性质、情节以及社会危害程度相当。实施治安管理处罚，应当公开、公正，尊重和保障人权，保护公民的人格尊严。办理治安案件应当坚持教育与处罚相结合的原则。

2.《治安管理处罚法》第 7 条规定，国务院公安部门负责全国的治安管理工作。县级以上地方各级人民政府公安机关负责本行政区域内的治安管理工作。治安案件的管辖由国务院公安部门规定。

3.《治安管理处罚法》第 20 条规定："违反治安管理有下列情形之一的，从重处罚：(一) 有较严重后果的；(二) 教唆、胁迫、诱骗他人违反治安管理的；(三) 对报案人、控告人、举报人、证人打击报复的；(四) 六个月内曾受过治安管理处罚的。"

4.《治安管理处罚法》第 21 条规定："违反治安管理行为人有下列情形之一，依照本法应当给予行政拘留处罚的，不执行行政拘留处罚：(一) 已满十四周岁不满十六周岁的；(二) 已满十六周岁不满十八周岁，初次违反治安管理的；(三) 七十周岁以上的；(四) 怀孕或者哺乳自己不满一周岁婴儿的。"

5.《治安管理处罚法》第 19 条规定："违反治安管理有下列情形之一的，减轻处罚或者不予处罚：(一) 情节特别轻微的；(二) 主动消除或者减轻违法后果，并取得被侵害人谅解的；(三) 出于他人胁迫或者诱骗的；(四) 主动投案，向公安机关如实陈述自己的违法行为的；(五) 有立功表现的。"

6. 《治安管理处罚法》第 24 条第 1 款规定："有下列行为之一，扰乱文化、体育等大型群众性活动秩序的，处警告或者二百元以下罚款；情节严重的，处五日以上十日以下拘留，可以并处五百元以下罚款：（一）强行进入场内的；（二）违反规定，在场内燃放烟花爆竹或者其他物品的；（三）展示侮辱性标语、条幅等物品的；（四）围攻裁判员、运动员或者其他工作人员的；（五）向场内投掷杂物，不听制止的；（六）扰乱大型群众性活动秩序的其他行为。"
7. 《治安管理处罚法》第 32 条规定："非法携带枪支、弹药或者弩、匕首等国家规定的管制器具的，处五日以下拘留，可以并处五百元以下罚款；情节较轻的，处警告或者二百元以下罚款。非法携带枪支、弹药或者弩、匕首等国家规定的管制器具进入公共场所或者公共交通工具的，处五日以上十日以下拘留，可以并处五百元以下罚款。"
8. 《治安管理处罚法》第 44 条规定："猥亵他人的，或者在公共场所故意裸露身体，情节恶劣的，处五日以上十日以下拘留；猥亵智力残疾人、精神病人、不满十四周岁的人或者有其他严重情节的，处十日以上十五日以下拘留。"
9. 《治安管理处罚法》第 51 条规定："冒充国家机关工作人员或者以其他虚假身份招摇撞骗的，处五日以上十日以下拘留，可以并处五百元以下罚款；情节较轻的，处五日以下拘留或者五百元以下罚款。冒充军警人员招摇撞骗的，从重处罚。"
10. 《治安管理处罚法》第 81 条第 1 款规定："人民警察在办理治安案件过程中，遇有下列情形之一的，应当回避；违反治安管理行为人、被侵害人或者其法定代理人也有权要求他们回避：（一）是本案当事人或者当事人的近亲属的；（二）本人或者其近亲属与本案有利害关系的；（三）与本案当事人有其他关系，可能影响案件公正处理的。"
11. 《治安管理处罚法》第 83 条规定，对违反治安管理行为人，公安机关传唤后应当及时询问查证，询问查证的时间不得超过 8 小时；情况复杂，依照本法规定可能适用行政拘留处罚的，询问查证的时间不得超过 24 小时。公安机关应当及时将传唤的原因和处所通知被传唤人家属。
12. 《治安管理处罚法》第 108 条规定："担保人应当符合下列条件：（一）与本案无牵连；（二）享有政治权利，人身自由未受到限制；（三）在当地有常住户口和固定住所；（四）有能力履行担保义务。"
13. 《治安管理处罚法》第 104 条规定："受到罚款处罚的人应当自收到处罚决定书之日起十五日内，到指定的银行缴纳罚款。但是，有下列情形之一的，人民警察可以当场收缴罚款：（一）被处五十元以下罚款，被处罚人对罚款无异议的；（二）在边远、水上、交通不便地区，公安机关及其人民警察依照本法的规定作出罚款决定后，被处罚人向指定的银行缴纳罚款确有困难，经被处罚人提出的；（三）被处罚人在当地没有固定住所，不当场收缴事后难以执行的。”

14.《治安管理处罚法》第96条第1款规定：“公安机关作出治安管理处罚决定的，应当制作治安管理处罚决定书。决定书应当载明下列内容：（一）被处罚人的姓名、性别、年龄、身份证件的名称和号码、住址；（二）违法事实和证据；（三）处罚的种类和依据；（四）处罚的执行方式和期限；（五）对处罚决定不服，申请行政复议、提起行政诉讼的途径和期限；（六）作出处罚决定的公安机关的名称和作出决定的日期。”

15.《治安管理处罚法》第115条规定，公安机关依法实施罚款处罚，应当依照有关法律、行政法规的规定，实行罚款决定与罚款收缴分离；收缴的罚款应当全部上缴国库。

16. 根据《治安管理处罚法》第112条至第114条的规定，公安机关及其人民警察办理治安案件的基本原则有三：第一，公安机关及其人民警察应当依法、公正、严格、高效办理治安案件，文明执法，不得徇私舞弊。第二，公安机关及其人民警察办理治安案件，禁止对违反治安管理行为人打骂、虐待或者侮辱。第三，公安机关及其人民警察办理治安案件，应当自觉接受社会和公民的监督。公安机关及其人民警察办理治安案件，不严格执法或者有违法违纪行为的，任何单位和个人都有权向公安机关或者人民检察院、行政监察机关检举、控告；收到检举、控告的机关，应当依据职责及时处理。

七、刑 法

（一）判断题

1. 不满 18 周岁的人犯罪，可以从轻或者减轻处罚。(　　)
2. 已满 75 周岁的人故意犯罪的，应当从轻或者减轻处罚。(　　)
3. 已满 12 周岁不满 14 周岁的人，犯故意杀人、故意伤害罪，致人死亡或者以特别残忍手段致人重伤造成严重残疾，情节恶劣，经最高人民检察院核准追诉的，应当负刑事责任。(　　)
4. 携带凶器抢夺的，依照抢夺罪从重处罚。(　　)
5. 聚众哄抢公私财物，数额较大或者有其他严重情节的，处 3 年以下有期徒刑、拘役或者管制，并处罚金。(　　)
6. 刑法的立法宗旨是惩罚犯罪，保护人民。(　　)
7. 法律没有明文规定不是犯罪行为的，依照法律定罪处刑。(　　)
8. 对任何人犯罪，在适用法律上一律平等。不允许任何人有超越法律的特权。(　　)
9. 刑罚的轻重，只应当与犯罪分子所犯罪行相适应。(　　)
10. 中华人民共和国公民在中华人民共和国领域外犯本法规定之罪的，必须适用本法。(　　)
11. 法律没有明文规定为犯罪行为的，但具有一定社会危害性，也可以比照相关法律定罪处刑。(　　)
12. 故意杀人情节较轻的，处 3 年以上 10 年以下有期徒刑。(　　)
13. 未经本人同意摘取其器官，或者摘取不满 18 周岁的人的器官，或者强迫、欺骗他人捐献器官的，按照故意杀人罪、故意伤害罪的规定定罪处罚。(　　)
14. 奸淫不满 14 周岁的幼女的，以强奸论，从重处罚。(　　)
15. 以勒索财物为目的绑架他人的，或者绑架他人作为人质的，杀害被绑架人的，或者故意伤害被绑架人，致人重伤、死亡的，处 10 年以上有期徒

刑、无期徒刑或者死刑，并处罚金或者没收财产。（　　）

16. 收买被拐卖的妇女，强行与其发生性关系的，按照收买被拐卖的妇女、儿童罪从重处罚。（　　）

17. 错告，或者检举失实的，按照诬告陷害罪从轻处罚。（　　）

18. 司法工作人员滥用职权，非法搜查他人身体、住宅，或者非法侵入他人住宅的，从重处罚。（　　）

19. 邮政工作人员私自开拆或者隐匿、毁弃邮件、电报的，处 1 年以下有期徒刑或者拘役。（　　）

20. 以暴力干涉他人婚姻自由致使被害人死亡的，按照故意杀人罪的规定定罪处罚。（　　）

21. 利用职权、从属关系，以胁迫手段奸淫现役军人的妻子的，按照破坏军婚罪从重处罚。（　　）

（二）单项选择题

1. （　　）的人，犯故意杀人、故意伤害致人重伤或者死亡、强奸、抢劫、贩卖毒品、放火、爆炸、投放危险物质罪的，应当负刑事责任。

   A. 已满 12 周岁　　B. 不满 16 周岁

   C. 已满 14 周岁不满 16 周岁　　D. 不满 14 周岁

2. 已满 75 周岁的人过失犯罪的，（　　）。

   A. 可以从轻或者减轻处罚

   B. 应当从轻或者减轻处罚

   C. 应当从轻、减轻或者免除处罚

   D. 法律有规定的才负刑事责任

3. 已满（　　）周岁的人故意犯罪的，可以从轻或者减轻处罚。

   A. 55　　B. 60

   C. 70　　D. 75

4. 已满 12 周岁不满 14 周岁的人，犯故意杀人、故意伤害罪，致人死亡或者以特别残忍手段致人重伤造成严重残疾，情节恶劣，经（　　）核准追诉的，应当负刑事责任。

   A. 最高人民法院　　B. 最高人民检察院

C. 高级人民检察院　　D. 高级人民法院

5. 以下关于盗窃罪的处罚，不正确的一项是：(　　)

A. 处3年以下有期徒刑、拘役或者管制，并处或者单处罚金

B. 数额巨大或者有其他严重情节的，处3年以上10年以下有期徒刑，并处罚金

C. 数额特别巨大或者有其他特别严重情节的，处10年以上有期徒刑或者无期徒刑，并处罚金或者没收财产

D. 数额特别巨大或者有其他特别严重情节的，处10年以上有期徒刑、无期徒刑或者死刑，并处罚金或者没收财产

6. 将代为保管的他人财物非法占为己有，数额较大，拒不退还的，构成(　　)。

A. 侵占罪　　B. 盗窃罪

C. 抢劫罪　　D. 抢夺罪

7. 中华人民共和国刑法要维护(　　)，保障社会主义建设事业的顺利进行。

A. 社会秩序、经济秩序　　B. 政治秩序、社会秩序

C. 政治秩序、经济秩序　　D. 社会秩序、文化秩序

8. 外国人在中华人民共和国领域外对(　　)犯罪，而按本法规定的最低刑为3年以上有期徒刑的，可以适用本法，但是按照(　　)的法律不受处罚的除外。

A. 中华人民共和国国家或者公民；犯罪地

B. 中华人民共和国国家；国籍国

C. 中华人民共和国公民；中华人民共和国

D. 中华人民共和国公民；犯罪地

9. 凡在中华人民共和国领域外犯罪，依照本法应当负刑事责任的，虽然经过外国审判，仍然可以依照本法追究，但是在外国已经受过刑罚处罚的，可以(　　)处罚。

A. 免除　　B. 减轻

C. 免除或减轻　　D. 抵消

10. 享有外交特权和豁免权的外国人的刑事责任，通过(　　)解决。

A. 所在国法律　　B. 外交途径

C. 犯罪地法律　　D. 派遣国法律

11. 过失致人死亡的，处(　　)；情节较轻的，处(　　)。

A. 3 年以上 7 年以下有期徒刑；3 年以下有期徒刑

B. 3 年以上 10 年以下有期徒刑；3 年以下有期徒刑或者拘役

C. 3 年以上 7 年以下有期徒刑；3 年以下有期徒刑、拘役或者管制

D. 3 年以上 10 年以下有期徒刑；3 年以下有期徒刑

12. 组织他人出卖人体器官的，处(　　)，(　　)；情节严重的，处 5 年以上有期徒刑，并处罚金或者没收财产。

A. 3 年以下有期徒刑；并处罚金

B. 3 年以下有期徒刑或者拘役；并处或者单处罚金

C. 5 年以下有期徒刑；并处罚金

D. 5 年以下有期徒刑；并处罚金或者没收财产

13. 过失伤害他人致人重伤的，处(　　)。

A. 3 年以下有期徒刑、拘役或者管制

B. 3 年以下有期徒刑或者拘役

C. 3 年以下有期徒刑

D. 3 年以上 10 年以下有期徒刑

14. 以勒索财物为目的偷盗婴幼儿的，构成(　　)。

A. 非法拘禁罪　　B. 盗窃罪

C. 绑架罪　　D. 拐卖妇女、儿童罪

15. 以下不属于拐卖妇女、儿童罪的加重情节的是：(　　)

A. 拐卖妇女、儿童 3 人以上的

B. 诱骗、强迫被拐卖的妇女卖淫或者将被拐卖的妇女卖给他人迫使其卖淫的

C. 将妇女、儿童卖往境外的

D. 收买被拐卖的妇女、儿童

16. 捏造事实诬告陷害他人，意图使他人(　　)，情节严重的，处 3 年以下有期徒刑、拘役或者管制。

A. 名誉损害　　B. 价值贬损

C. 受行政处罚　　D. 受刑事追究

17. (　　)对犯罪嫌疑人、被告人实行刑讯逼供或者使用暴力逼取证人证言的，处3年以下有期徒刑或者拘役。

A. 国家机关工作人员　　B. 司法工作人员

C. 监管人员　　D. 直接主管人员

18. 煽动民族仇恨、民族歧视，情节严重的，处(　　)。

A. 3年以下有期徒刑

B. 3年以下有期徒刑或者拘役

C. 3年以下有期徒刑、拘役或者管制

D. 3年以下有期徒刑、拘役、管制或者剥夺政治权利

19. 在出版物中刊载歧视、侮辱少数民族的内容，情节恶劣，造成严重后果的，对(　　)，处3年以下有期徒刑、拘役或者管制。

A. 主要参与人员　　B. 参与人员

C. 直接负责的主管人员　　D. 直接责任人员

20. (　　)非法剥夺公民的宗教信仰自由和侵犯少数民族风俗习惯，情节严重的，处2年以下有期徒刑或者拘役。

A. 国家机关工作人员　　B. 司法工作人员

C. 监管人员　　D. 直接主管人员

21. 拐骗(　　)的未成年人，脱离家庭或者监护人的，处5年以下有期徒刑或者拘役。

A. 不满12周岁　　B. 不满14周岁

C. 不满16周岁　　D. 不满18周岁

22. 以下不属于组织未成年人进行违反治安管理活动罪中规定的违反治安管理活动的是：(　　)

A. 盗窃　　B. 诈骗

C. 抢劫　　D. 敲诈勒索

(三) 多项选择题

1. 已满14周岁不满16周岁的人，犯(　　)，应当负刑事责任。

A. 故意伤害　　B. 故意杀人

C. 抢夺　　D. 抢劫

2. 盗窃公私财物，数额较大的，或者(　　)的，处3年以下有期徒刑、拘役或者管制，并处或者单处罚金。

A. 多次盗窃　　B. 入户盗窃

C. 携带凶器盗窃　　D. 扒窃

3. 犯盗窃、诈骗、抢夺罪，为(　　)而当场使用暴力或者以暴力相威胁的，依照本法第263条的规定定罪处罚。

A. 窝藏赃物　　B. 抗拒抓捕

C. 包庇他人　　D. 毁灭罪证

4. 非法拘禁他人或者以其他方法非法剥夺他人人身自由的，处3年以下有期徒刑、拘役、管制或者剥夺政治权利。具有(　　)情节的，从重处罚。

A. 殴打　　B. 侮辱

C. 为索取债务　　D. 国际机关工作人员利用职权

5. 拐卖妇女、儿童是指以出卖为目的，有(　　)妇女、儿童的行为之一的。

A. 拐骗　　B. 绑架

C. 收买　　D. 中转

6. 以(　　)的方法强迫他人劳动的，处3年以下有期徒刑或者拘役，并处罚金。

A. 暴力　　B. 威胁

C. 欺骗　　D. 限制人身自由

7. (　　)等监管机构的监管人员对被监管人进行殴打或者体罚虐待，情节严重的，处3年以下有期徒刑或者拘役。

A. 监狱　　B. 公安局

C. 拘留所　　D. 看守所

8. (　　)他人信件，侵犯公民通信自由权利，情节严重的，处1年以下有期徒刑或者拘役。

A. 隐匿　　B. 毁弃

C. 篡改　　D. 非法开拆

9. 违反国家有关规定，向他人出售或者提供公民个人信息，(　　)。

A. 处3年以下有期徒刑或者拘役，并处或者单处罚金

B. 情节严重的，处3年以下有期徒刑或者拘役，并处或者单处罚金

C. 情节严重的，处3年以上7年以下有期徒刑，并处罚金

D. 情节特别严重的，处3年以上7年以下有期徒刑，并处罚金

10. 国家机关工作人员滥用职权、假公济私，对(　　)实行报复陷害的，处2年以下有期徒刑或者拘役。

A. 控告人　　B. 申诉人

C. 批评人　　D. 举报人

11. 在选举(　　)时，以暴力、威胁、欺骗、贿赂、伪造选举文件、虚报选举票数等手段破坏选举或者妨害选民和代表自由行使选举权和被选举权，情节严重的，处3年以下有期徒刑、拘役或者剥夺政治权利。

A. 各级人民代表大会代表　　B. 国家机关领导人员

C. 国家机关工作人员　　D. 司法工作人员

12. 对(　　)等负有监护、看护职责的人虐待被监护、看护的人，情节恶劣的，处3年以下有期徒刑或者拘役。

A. 未成年人　　B. 老年人

C. 患病的人　　D. 残疾人

13. 对于(　　)的人，负有扶养义务而拒绝扶养，情节恶劣的，处5年以下有期徒刑、拘役或者管制。

A. 年老　　B. 年幼

C. 患病　　D. 醉酒

(四) 填空题

1. 不满18周岁的人犯罪，应当从轻或者减轻处罚。因不满16周岁不予刑事处罚的，责令其____加以管教；在必要的时候，依法进行____教育。
2. 已满____周岁不满____周岁的人，犯故意杀人、故意伤害罪，致人死亡或者以特别残忍手段致人重伤造成严重残疾，情节恶劣，经____核准追诉的，应当负刑事责任。
3. 抢夺公私财物，数额较大的，或者____的，处3年以下有期徒刑、拘役或者管制，并处或者单处罚金。
4. 将他人的遗忘物或者____非法占为己有，数额较大，拒不交出的，依照前款的规定处罚。

5. 对于中华人民共和国____或者____的国际条约所规定的罪行，中华人民共和国在所承担条约义务的范围内行使刑事管辖权的，适用本法。
6. 享有____和____的外国人的刑事责任，通过外交途径解决。
7. 中华人民共和国公民在中华人民共和国领域外犯本法规定之罪的，适用本法，但是按本法规定的最高刑为 3 年以下有期徒刑的，可以不予追究。____和____在中华人民共和国领域外犯本法规定之罪的，适用本法。
8. 违背本人生前意愿摘取其尸体器官，或者本人生前未表示同意，违反国家规定，违背其____摘取其尸体器官的，按照盗窃、侮辱、故意毁坏尸体、尸骨、骨灰罪，依照本法第 302 条的规定定罪处罚。
9. 以暴力、胁迫或者其他方法____或者侮辱妇女的，处 5 年以下有期徒刑或者拘役。
10. 收买被拐卖的妇女、儿童，对被买儿童____，可以从轻处罚；按照被买妇女的意愿，____，可以从轻或者减轻处罚。
11. 违反法律规定，雇用未满____从事高空、井下作业的，或者在爆炸性、易燃性、放射性、____等危险环境下从事劳动，情节严重的。
12. 非法搜查他人身体、住宅，或者____他人住宅的，处 3 年以下有期徒刑或者拘役。
13. 侮辱诽谤罪，告诉的才处理，但是____的除外。
14. 违反国家有关规定，将在履行职责或者____过程中获得的公民个人信息，出售或者提供给他人的，依照侵犯公民个人信息罪从重处罚。
15. 企业、事业单位、机关、团体的领导人，对依法履行职责、抵制违反____行为的会计、统计人员实行打击报复，情节恶劣的，处 3 年以下有期徒刑或者拘役。
16. 虐待罪告诉的才处理，但被害人没有能力告诉，或者因受到____无法告诉的除外。
17. 以暴力、胁迫手段组织残疾人或者____的未成年人乞讨的，处 3 年以下有期徒刑或者拘役，并处罚金。

（五）简答题

1. 已满 14 周岁不满 16 周岁的人，应负刑事责任的八项犯罪是什么？

2. 简述抢劫罪的加重情形。
3. 简述刑法的溯及力。

参考答案

（一）判断题

1. ×，解析：《刑法》第 17 条，已满 16 周岁的人犯罪，应当负刑事责任。已满 14 周岁不满 16 周岁的人，犯故意杀人、故意伤害致人重伤或者死亡、强奸、抢劫、贩卖毒品、放火、爆炸、投放危险物质罪的，应当负刑事责任。已满 12 周岁不满 14 周岁的人，犯故意杀人、故意伤害罪，致人死亡或者以特别残忍手段致人重伤造成严重残疾，情节恶劣，经最高人民检察院核准追诉的，应当负刑事责任。对依照前三款规定追究刑事责任的不满 18 周岁的人，应当从轻或者减轻处罚。因不满 16 周岁不予刑事处罚的，责令其父母或者其他监护人加以管教；在必要的时候，依法进行专门矫治教育。
2. ×，解析：《刑法》第 17 条之一，已满 75 周岁的人故意犯罪的，可以从轻或者减轻处罚；过失犯罪的，应当从轻或者减轻处罚。
3. √，解析：《刑法》第 17 条，已满 16 周岁的人犯罪，应当负刑事责任。已满 14 周岁不满 16 周岁的人，犯故意杀人、故意伤害致人重伤或者死亡、强奸、抢劫、贩卖毒品、放火、爆炸、投放危险物质罪的，应当负刑事责任。已满 12 周岁不满 14 周岁的人，犯故意杀人、故意伤害罪，致人死亡或者以特别残忍手段致人重伤造成严重残疾，情节恶劣，经最高人民检察院核准追诉的，应当负刑事责任。对依照前三款规定追究刑事责任的不满 18 周岁的人，应当从轻或者减轻处罚。因不满 16 周岁不予刑事处罚的，责令其父母或者其他监护人加以管教；在必要的时候，依法进行专门矫治教育。
4. ×，解析：《刑法》第 267 条，抢夺公私财物，数额较大的，或者多次抢夺的，处 3 年以下有期徒刑、拘役或者管制，并处或者单处罚金；数额巨大或者有其他严重情节的，处 3 年以上 10 年以下有期徒刑，并处罚金；数额特别巨大或者有其他特别严重情节的，处 10 年以上有期徒刑或者无期徒刑，并处罚金或者没收财产。携带凶器抢夺的，依照本法第 263 条的规定定罪处罚。
5. ×，解析：《刑法》第 268 条，聚众哄抢公私财物，数额较大或者有其他严重情节的，对首要分子和积极参加的，处 3 年以下有期徒刑、拘役或者管制，并处罚金；数额巨大或者有其他特别严重情节的，处 3 年以上 10 年以下有期徒刑，并处罚金。

6. √，解析：《刑法》第 1 条，为了惩罚犯罪，保护人民，根据宪法，结合我国同犯罪作斗争的具体经验及实际情况，制定本法。

7. ×，解析：《刑法》第 3 条，法律明文规定为犯罪行为的，依照法律定罪处刑；法律没有明文规定为犯罪行为的，不得定罪处刑。

8. √，解析：《刑法》第 4 条，对任何人犯罪，在适用法律上一律平等。不允许任何人有超越法律的特权。

9. ×，解析：《刑法》第 5 条，刑罚的轻重，应当与犯罪分子所犯罪行和承担的刑事责任相适应。

10. ×，解析：《刑法》第 7 条，中华人民共和国公民在中华人民共和国领域外犯本法规定之罪的，适用本法，但是按本法规定的最高刑为 3 年以下有期徒刑的，可以不予追究。

11. ×，解析：《刑法》第 3 条，法律明文规定为犯罪行为的，依照法律定罪处刑；法律没有明文规定为犯罪行为的，不得定罪处刑。

12. √，解析：《刑法》第 232 条，故意杀人的，处死刑、无期徒刑或者 10 年以上有期徒刑；情节较轻的，处 3 年以上 10 年以下有期徒刑。

13. √，解析：《刑法》第 234 条之一，组织他人出卖人体器官的，处 5 年以下有期徒刑，并处罚金；情节严重的，处 5 年以上有期徒刑，并处罚金或者没收财产。未经本人同意摘取其器官，或者摘取不满 18 周岁的人的器官，或者强迫、欺骗他人捐献器官的，依照本法第 234 条、第 232 条的规定定罪处罚。违背本人生前意愿摘取其尸体器官，或者本人生前未表示同意，违反国家规定，违背其近亲属意愿摘取其尸体器官的，依照本法第 302 条的规定定罪处罚。

14. √，解析：《刑法》第 236 条，以暴力、胁迫或者其他手段强奸妇女的，处 3 年以上 10 年以下有期徒刑。奸淫不满 14 周岁的幼女的，以强奸论，从重处罚。强奸妇女、奸淫幼女，有下列情形之一的，处 10 年以上有期徒刑、无期徒刑或者死刑：（1）强奸妇女、奸淫幼女情节恶劣的；（2）强奸妇女、奸淫幼女多人的；（3）在公共场所当众强奸妇女的；（4）二人以上轮奸的；（5）致使被害人重伤、死亡或者造成其他严重后果的。

15. ×，解析：《刑法》第 239 条，以勒索财物为目的绑架他人的，或者绑架他人作为人质的，处 10 年以上有期徒刑或者无期徒刑，并处罚金或者没收财产；情节较轻的，处 5 年以上 10 年以下有期徒刑，并处罚金。犯前款罪，杀害被绑架人的，或者故意伤害被绑架人，致人重伤、死亡的，处无期徒刑或者死刑，并处没收财产。以勒索财物为目的偷盗婴幼儿的，依照前两款的规定处罚。

16. ×，解析：《刑法》第 241 条，收买被拐卖的妇女、儿童的，处 3 年以下有期徒刑、拘役或者管制。收买被拐卖的妇女，强行与其发生性关系的，依照本法第 236 条的规定定罪处罚。收买被拐卖的妇女、儿童，非法剥夺、限制其人身自由或者有伤害、侮辱等犯罪行为的，依照本法的有关规定定罪处罚。收买被拐卖的妇女、儿童，并有第 2 款、第 3 款规定的犯罪行为的，依照数罪并罚的规定处罚。收买被拐卖的妇女、儿童又出卖的，依照本法第 240 条的规定定罪处罚。收买被拐卖的妇女、儿童，对被买儿童没有虐待行为，不阻碍对其进行解救的，可以从轻处罚；按照被买妇女的意愿，不阻碍其返回原居住地的，可以从轻或者减轻处罚。

17. ×，解析：《刑法》第 243 条，捏造事实诬告陷害他人，意图使他人受刑事追究，情节严重的，处 3 年以下有期徒刑、拘役或者管制；造成严重后果的，处 3 年以上 10 年以下有期徒刑。国家机关工作人员犯前款罪的，从重处罚。不是有意诬陷，而是错告，或者检举失实的，不适用前两款的规定。

18. √，解析：《刑法》第 245 条，非法搜查他人身体、住宅，或者非法侵入他人住宅的，处 3 年以下有期徒刑或者拘役。司法工作人员滥用职权，犯前款罪的，从重处罚。

19. ×，解析：《刑法》第 253 条，邮政工作人员私自开拆或者隐匿、毁弃邮件、电报的，处 2 年以下有期徒刑或者拘役。犯前款罪而窃取财物的，依照本法第 264 条的规定定罪从重处罚。

20. ×，解析：《刑法》第 257 条，以暴力干涉他人婚姻自由的，处 2 年以下有期徒刑或者拘役。犯前款罪，致使被害人死亡的，处 2 年以上 7 年以下有期徒刑。第 1 款罪，告诉的才处理。

21. ×，解析：《刑法》第 259 条，明知是现役军人的配偶而与之同居或者结婚的，处 3 年以下有期徒刑或者拘役。利用职权、从属关系，以胁迫手段奸淫现役军人的妻子的，依照本法第 236 条的规定定罪处罚。

（二）单项选择题

1. C，解析：《刑法》第 17 条，已满 16 周岁的人犯罪，应当负刑事责任。已满 14 周岁不满 16 周岁的人，犯故意杀人、故意伤害致人重伤或者死亡、强奸、抢劫、贩卖毒品、放火、爆炸、投放危险物质罪的，应当负刑事责任。

2. B，解析：《刑法》第 17 条之一，已满 75 周岁的人故意犯罪的，可以从轻或者减轻处罚；过失犯罪的，应当从轻或者减轻处罚。
3. D，解析：《刑法》第 17 条之一，已满 75 周岁的人故意犯罪的，可以从轻或者减轻处罚；过失犯罪的，应当从轻或者减轻处罚。
4. B，解析：《刑法》第 17 条，已满 12 周岁不满 14 周岁的人，犯故意杀人、故意伤害罪，致人死亡或者以特别残忍手段致人重伤造成严重残疾，情节恶劣，经最高人民检察院核准追诉的，应当负刑事责任。
5. D，解析：《刑法》第 264 条，盗窃公私财物，数额较大的，或者多次盗窃、入户盗窃、携带凶器盗窃、扒窃的，处 3 年以下有期徒刑、拘役或者管制，并处或者单处罚金；数额巨大或者有其他严重情节的，处 3 年以上 10 年以下有期徒刑，并处罚金；数额特别巨大或者有其他特别严重情节的，处 10 年以上有期徒刑或者无期徒刑，并处罚金或者没收财产。
6. A，解析：《刑法》第 270 条，将代为保管的他人财物非法占为己有，数额较大，拒不退还的，处 2 年以下有期徒刑、拘役或者罚金；数额巨大或者有其他严重情节的，处 2 年以上 5 年以下有期徒刑，并处罚金。将他人的遗忘物或者埋藏物非法占为己有，数额较大，拒不交出的，依照前款的规定处罚。本条罪，告诉的才处理。
7. A，解析：《刑法》第 2 条，中华人民共和国刑法的任务，是用刑罚同一切犯罪行为作斗争，以保卫国家安全，保卫人民民主专政的政权和社会主义制度，保护国有财产和劳动群众集体所有的财产，保护公民私人所有的财产，保护公民的人身权利、民主权利和其他权利，维护社会秩序、经济秩序，保障社会主义建设事业的顺利进行。
8. A，解析：《刑法》第 8 条，外国人在中华人民共和国领域外对中华人民共和国国家或者公民犯罪，而按本法规定的最低刑为 3 年以上有期徒刑的，可以适用本法，但是按照犯罪地的法律不受处罚的除外。
9. C，解析：《刑法》第 10 条，凡在中华人民共和国领域外犯罪，依照本法应当负刑事责任的，虽然经过外国审判，仍然可以依照本法追究，但是在外国已经受过刑罚处罚的，可以免除或者减轻处罚。
10. B，解析：《刑法》第 11 条，享有外交特权和豁免权的外国人的刑事责任，通过外交途径解决。
11. A，解析：《刑法》第 233 条，过失致人死亡的，处 3 年以上 7 年以下有期徒刑；情节较轻的，处3年以下有期徒刑。本法另有规定的，依照规定。

12. C，解析：《刑法》第234条之一，组织他人出卖人体器官的，处5年以下有期徒刑，并处罚金；情节严重的，处5年以上有期徒刑，并处罚金或者没收财产。未经本人同意摘取其器官，或者摘取不满18周岁的人的器官，或者强迫、欺骗他人捐献器官的，依照本法第234条、第232条的规定定罪处罚。违背本人生前意愿摘取其尸体器官，或者本人生前未表示同意，违反国家规定，违背其近亲属意愿摘取其尸体器官的，依照本法第302条的规定定罪处罚。

13. B，解析：《刑法》第235条，过失伤害他人致人重伤的，处3年以下有期徒刑或者拘役。本法另有规定的，依照规定。

14. C，解析：《刑法》第239条，以勒索财物为目的绑架他人的，或者绑架他人作为人质的，处10年以上有期徒刑或者无期徒刑，并处罚金或者没收财产；情节较轻的，处5年以上10年以下有期徒刑，并处罚金。犯前款罪，杀害被绑架人的，或者故意伤害被绑架人，致人重伤、死亡的，处无期徒刑或者死刑，并处没收财产。以勒索财物为目的偷盗婴幼儿的，依照前两款的规定处罚。

15. D，解析：《刑法》第240条，拐卖妇女、儿童的，处5年以上10年以下有期徒刑，并处罚金；有下列情形之一的，处10年以上有期徒刑或者无期徒刑，并处罚金或者没收财产；情节特别严重的，处死刑，并处没收财产：（1）拐卖妇女、儿童集团的首要分子；（2）拐卖妇女、儿童三人以上的；（3）奸淫被拐卖的妇女的；（4）诱骗、强迫被拐卖的妇女卖淫或者将被拐卖的妇女卖给他人迫使其卖淫的；（5）以出卖为目的，使用暴力、胁迫或者麻醉方法绑架妇女、儿童的；（6）以出卖为目的，偷盗婴幼儿的；（7）造成被拐卖的妇女、儿童或者其亲属重伤、死亡或者其他严重后果的；（8）将妇女、儿童卖往境外的。拐卖妇女、儿童是指以出卖为目的，有拐骗、绑架、收买、贩卖、接送、中转妇女、儿童的行为之一的。

16. B，解析：《刑法》第243条，捏造事实诬告陷害他人，意图使他人受刑事追究，情节严重的，处3年以下有期徒刑、拘役或者管制；造成严重后果的，处3年以上10年以下有期徒刑。国家机关工作人员犯前款罪的，从重处罚。不是有意诬陷，而是错告，或者检举失实的，不适用前两款的规定。

17. B，解析，《刑法》第247条，司法工作人员对犯罪嫌疑人、被告人实行刑讯逼供或者使用暴力逼取证人证言的，处3年以下有期徒刑或者拘役。致人伤残、死亡的，依照本法第 234 条、第 232 条的规定定罪从重处罚。

18. D，解析:《刑法》第 249 条，煽动民族仇恨、民族歧视，情节严重的，处 3 年以下有期徒刑、拘役、管制或者剥夺政治权利；情节特别严重的，处 3 年以上 10 年以下有期徒刑。

19. D，解析:《刑法》第 250 条，在出版物中刊载歧视、侮辱少数民族的内容，情节恶劣，造成严重后果的，对直接责任人员，处 3 年以下有期徒刑、拘役或者管制。

20. A，解析:《刑法》第 251 条，国家机关工作人员非法剥夺公民的宗教信仰自由和侵犯少数民族风俗习惯，情节严重的，处 2 年以下有期徒刑或者拘役。

21. B，解析:《刑法》第 262 条，拐骗不满 14 周岁的未成年人，脱离家庭或者监护人的，处 5 年以下有期徒刑或者拘役。

22. C，解析:《刑法》第 262 条之二，组织未成年人进行盗窃、诈骗、抢夺、敲诈勒索等违反治安管理活动的，处 3 年以下有期徒刑或者拘役，并处罚金；情节严重的，处 3 年以上 7 年以下有期徒刑，并处罚金。

（三）多项选择题

1. BD，解析:《刑法》第 17 条，已满 16 周岁的人犯罪，应当负刑事责任。已满 14 周岁不满 16 周岁的人，犯故意杀人、故意伤害致人重伤或者死亡、强奸、抢劫、贩卖毒品、放火、爆炸、投放危险物质罪的，应当负刑事责任。已满 12 周岁不满 14 周岁的人，犯故意杀人、故意伤害罪，致人死亡或者以特别残忍手段致人重伤造成严重残疾，情节恶劣，经最高人民检察院核准追诉的，应当负刑事责任。对依照前三款规定追究刑事责任的不满 18 周岁的人，应当从轻或者减轻处罚。因不满 16 周岁不予刑事处罚的，责令其父母或者其他监护人加以管教；在必要的时候，依法进行专门矫治教育。

2. ABCD，解析:《刑法》第 264 条，盗窃公私财物，数额较大的，或者多次盗窃、入户盗窃、携带凶器盗窃、扒窃的，处 3 年以下有期徒刑、拘役或者管制，并处或者单处罚金；数额巨大或者有其他严重情节的，处 3 年以上 10 年以下有期徒刑，并处罚金；数额特别巨大或者有其他特别严重情节的，处 10 年以上有期徒刑或者无期徒刑，并处罚金或者没收财产。

3. ABD，解析:《刑法》第 269 条，犯盗窃、诈骗、抢夺罪，为窝藏赃物、抗拒抓捕或者毁灭罪证而当场使用暴力或者以暴力相威胁的，依照本法第 263 条的规定定罪处罚。

4. ABD，解析:《刑法》第 238 条，非法拘禁他人或者以其他方法非法剥夺他人人身自由的，处3年以下有期徒刑、拘役、管制或者剥夺政治权利。具有殴打、侮辱情节的，从重处罚。犯前款罪，致人重伤的，处3年以上10年以下有期徒刑；致人死亡的，处10年以上有期徒刑。使用暴力致人伤残、死亡的，依照本法第234条、第232条的规定定罪处罚。为索取债务非法扣押、拘禁他人的，依照前两款的规定处罚。国家机关工作人员利用职权犯前三款罪的，依照前三款的规定从重处罚。

5. ABCD，解析：《刑法》第240条，拐卖妇女、儿童的，处5年以上10年以下有期徒刑，并处罚金；有下列情形之一的，处10年以上有期徒刑或者无期徒刑，并处罚金或者没收财产；情节特别严重的，处死刑，并处没收财产：（1）拐卖妇女、儿童集团的首要分子；（2）拐卖妇女、儿童三人以上的；（3）奸淫被拐卖的妇女的；（4）诱骗、强迫被拐卖的妇女卖淫或者将被拐卖的妇女卖给他人迫使其卖淫的；（5）以出卖为目的，使用暴力、胁迫或者麻醉方法绑架妇女、儿童的；（6）以出卖为目的，偷盗婴幼儿的；（7）造成被拐卖的妇女、儿童或者其亲属重伤、死亡或者其他严重后果的；（8）将妇女、儿童卖往境外的。拐卖妇女、儿童是指以出卖为目的，有拐骗、绑架、收买、贩卖、接送、中转妇女、儿童的行为之一的。

6. ABD，解析：《刑法》第244条，以暴力、威胁或者限制人身自由的方法强迫他人劳动的，处3年以下有期徒刑或者拘役，并处罚金；情节严重的，处3年以上10年以下有期徒刑，并处罚金。明知他人实施前款行为，为其招募、运送人员或者有其他协助强迫他人劳动行为的，依照前款的规定处罚。单位犯前两款罪的，对单位判处罚金，并对其直接负责的主管人员和其他直接责任人员，依照第1款的规定处罚。

7. ACD，解析：《刑法》第248条，监狱、拘留所、看守所等监管机构的监管人员对被监管人进行殴打或者体罚虐待，情节严重的，处3年以下有期徒刑或者拘役；情节特别严重的，处3年以上10年以下有期徒刑。致人伤残、死亡的，依照本法第234条、第232条的规定定罪从重处罚。监管人员指使被监管人殴打或者体罚虐待其他被监管人的，依照前款的规定处罚。

8. ABD，解析：《刑法》第252条，隐匿、毁弃或者非法开拆他人信件，侵犯公民通信自由权利，情节严重的，处1年以下有期徒刑或者拘役。

9. BD，解析：《刑法》第253条之一，违反国家有关规定，向他人出售或者提供公民个人信息，情节严重的，处3年以下有期徒刑或者拘役，并处或者单处罚金；情节特别严重的，处3年以上7年以下有期徒刑，并处罚金。违反国家有关规定，将在履行职责或者提供服务过程中获得的公民个人信息，出售或者提供给他人的，依照前款的规定从重处罚。窃取或者以其他方法非法获取公民个人信息的，依照第1款的规定处罚。单位犯前三款罪的，对单位判处罚金，并对其直接负责的主管人员和其他直接责任人员，依照各该款的规定处罚。

10. ABCD，解析：《刑法》第254条，国家机关工作人员滥用职权、假公济私，对控告人、申诉人、批评人、举报人实行报复陷害的，处2年以下有期徒刑或者拘役；情节严重的，处2年以上7年以下有期徒刑。
11. AB，解析：《刑法》第256条，在选举各级人民代表大会代表和国家机关领导人员时，以暴力、威胁、欺骗、贿赂、伪造选举文件、虚报选举票数等手段破坏选举或者妨害选民和代表自由行使选举权和被选举权，情节严重的，处3年以下有期徒刑、拘役或者剥夺政治权利。
12. ABCD，解析：《刑法》第260条之一，对未成年人、老年人、患病的人、残疾人等负有监护、看护职责的人虐待被监护、看护的人，情节恶劣的，处3年以下有期徒刑或者拘役。单位犯前款罪的，对单位判处罚金，并对其直接负责的主管人员和其他直接责任人员，依照前款的规定处罚。有第1款行为，同时构成其他犯罪的，依照处罚较重的规定定罪处罚。
13. ABC，解析：《刑法》第261条，对于年老、年幼、患病或者其他没有独立生活能力的人，负有扶养义务而拒绝扶养，情节恶劣的，处5年以下有期徒刑、拘役或者管制。

（四）填空题

1. 家长或者其他监护人；专门矫治。（《刑法》第17条）
2. 12；14；最高人民检察院。（《刑法》第17条）
3. 多次抢夺。（《刑法》第267条）
4. 埋藏物。（《刑法》第270条）
5. 缔结；参加。（《刑法》第9条）
6. 外交特权；豁免权。（《刑法》第11条）
7. 国家工作人员；军人。（《刑法》第7条）
8. 近亲属意愿。（《刑法》第234条之一）
9. 强制猥亵他人。（《刑法》第237条）
10. 没有虐待行为，不阻碍对其进行解救的；不阻碍其返回原居住地的。（《刑法》第241条）

11. 16 周岁的未成年人；毒害性。(《刑法》第 244 条之一)
12. 非法侵入。(《刑法》第 245 条)
13. 严重危害社会秩序和国家利益的。(《刑法》第 246 条)
14. 提供服务。(《刑法》第 253 条之一)
15. 会计法、统计法。(《刑法》第 255 条)
16. 强制、威吓。(《刑法》第 260 条)
17. 不满 14 周岁。(《刑法》第 262 条之一)

(五) 简答题

1. 答:《刑法》第 17 条规定，已满 14 周岁不满 16 周岁的人，犯故意杀人、故意伤害致人重伤或者死亡、强奸、抢劫、贩卖毒品、放火、爆炸、投放危险物质罪的，应当负刑事责任。
2. 答:《刑法》第 263 条规定，以暴力、胁迫或者其他方法抢劫公私财物的，处 3 年以上 10 年以下有期徒刑，并处罚金；有下列情形之一的，处 10 年以上有期徒刑、无期徒刑或者死刑，并处罚金或者没收财产：(1) 入户抢劫的；(2) 在公共交通工具上抢劫的；(3) 抢劫银行或者其他金融机构的；(4) 多次抢劫或者抢劫数额巨大的；(5) 抢劫致人重伤、死亡的；(6) 冒充军警人员抢劫的；(7) 持枪抢劫的；(8) 抢劫军用物资或者抢险、救灾、救济物资的。
3. 答:《刑法》第 12 条规定，中华人民共和国成立以后本法施行以前的行为，如果当时的法律不认为是犯罪的，适用当时的法律；如果当时的法律认为是犯罪的，依照本法总则第四章第八节的规定应当追诉的，按照当时的法律追究刑事责任，但是如果本法不认为是犯罪或者处刑较轻的，适用本法。本法施行以前，依照当时的法律已经作出的生效判决，继续有效。

八、民事诉讼法

（一）判断题

1. 中华人民共和国民事诉讼法以宪法为根据，结合我国民事审判工作的经验和实际情况制定。（　　）
2. 制裁民事违法行为，保护当事人的合法权益是中华人民共和国民事诉讼法的唯一任务。（　　）
3. 人民法院受理自然人之间、法人之间、其他组织之间以及他们相互之间因财产关系和人身关系提起的民事诉讼，适用《民事诉讼法》的规定。（　　）
4. 外国人、无国籍人、外国企业和组织在人民法院起诉、应诉，同中华人民共和国公民、法人和其他组织有对等的诉讼权利义务。（　　）
5. 人民法院依照法律规定对民事案件进行审判，行政机关可以对审判过程进行干涉。（　　）
6. 各民族公民都应使用汉字进行民事诉讼。（　　）
7. 人民检察院有权对民事诉讼实行法律监督。（　　）
8. 民族自治地方的人民代表大会根据宪法和本法的原则，结合当地民族的具体情况，可以制定变通或者补充的规定。（　　）

（二）单项选择题

1. 下列哪一选项不属于公众可以查阅的发生法律效力的判决书、裁定书的内容？（　　）

   A. 涉及第三人的内容　　B. 涉及诉讼标的额的内容

   C. 涉及商业秘密的内容　　D. 涉及未成年人的内容

2. 关于中华人民共和国民事诉讼法的任务，下列哪一说法是错误的？（　　）

   A. 保护当事人行使诉讼权利　　B. 及时审理民事案件

   C. 制裁民事违法行为　　D. 惩罚犯罪

3. 下列关于民事诉讼的哪一说法是错误的？（　　）
   A. 公民与法人之间因财产关系提起的民事诉讼，应适用《民事诉讼法》的规定
   B. 惩罚犯罪不是民事诉讼的任务
   C. 中华人民共和国民事诉讼法以民法为依据
   D. 凡在中华人民共和国领域内进行民事诉讼，必须遵守《民事诉讼法》
4. 外国人、无国籍人、外国企业和组织在人民法院起诉、应诉，同中华人民共和国公民、法人和其他组织有（　　）的诉讼权利义务。
   A. 相同　　B. 不同
   C. 同等　　D. 对等
5. 民事诉讼当事人有（　　）的诉讼权利？
   A. 同等　　B. 对等
   C. 相同　　D. 平等
6. 在少数民族聚居或者多民族共同居住的地区，人民法院应当用下列哪一种语言、文字进行审理和发布法律文书？（　　）
   A. 汉族的　　B. 当地民族的任意一种
   C. 当地民族通用的　　D. 法官惯用的
7. 下列哪一主体有权对民事诉讼实行法律监督？（　　）
   A. 行政机关　　B. 全国人民代表大会
   C. 公安机关　　D. 人民检察院

（三）多项选择题

1. 下列哪些选项属于《民事诉讼法》的任务？（　　）
   A. 保证人民法院查明事实　　B. 正确适用法律
   C. 确认民事权利义务关系　　D. 保护当事人的合法权益
2. 下列哪些民事诉讼应适用《民事诉讼法》的规定？（　　）
   A. 自然人之间因财产关系提起的民事诉讼
   B. 公民之间因人身关系提起的民事诉讼
   C. 自然人与法人之间因财产关系提起的民事诉讼
   D. 法人与其他组织之间因财产关系提起的民事诉讼

3. 人民法院依照法律规定对民事案件独立进行审判，不受(　　)的干涉。

A. 行政机关　　B. 社会团体

C. 个人　　D. 司法机关

4. 人民法院审理民事案件，依照法律规定实行下列哪些制度？(　)

A. 合议　　B. 回避

C. 公开审判　　D. 两审终审

5. 人民法院审理民事案件时，下列哪些人有权辩论？(　)

A. 原告　　B. 被告

C. 书记员　　D. 法官

6. 下列哪些主体对损害国家、集体或者个人民事权益的行为，可以支持受损害的单位或者个人向人民法院起诉？(　)

A. 机关　　B. 社会团体

C. 企业事业单位　　D. 人民检察院

(四) 填空题

1. 中华人民共和国民事诉讼法以____为根据，结合我国民事审判工作的经验和实际情况制定。
2. 中华人民共和国民事诉讼法的任务，是保护当事人行使____，保证人民法院查明事实，分清是非，____法律，____民事案件，确认民事权利义务关系，制裁民事违法行为，保护当事人的合法权益，教育公民自觉遵守法律，维护社会秩序、经济秩序，保障社会主义建设事业顺利进行。
3. 人民法院受理____之间、____之间、____之间以及他们相互之间因财产关系和人身关系提起的民事诉讼，适用本法的规定。
4. 民事案件的审判权由____行使。人民法院依照法律规定对民事案件独立进行审判，不受____、____和____的干涉。
5. 人民法院审理民事案件，必须以____为根据，以____为准绳。
6. 人民法院审理民事案件，应当根据____和____的原则进行调解；调解不成的，应当____判决。
7. 当事人有权在法律规定的范围内处分自己的____权利和____权利。

8. 机关、社会团体、企业事业单位对损害____、____或者____民事权益的行为，可以支持受损害的单位或者个人向人民法院起诉。

（五）简答题

1. 简述同等原则和对等原则的含义。
2. 简述民事诉讼中的支持起诉原则。

参考答案

（一）判断题

1. √，解析：《民事诉讼法》第 1 条。
2. ×，解析：《民事诉讼法》第 2 条规定，中华人民共和国民事诉讼法的任务，是保护当事人行使诉讼权利，保证人民法院查明事实，分清是非，正确适用法律，及时审理民事案件，确认民事权利义务关系，制裁民事违法行为，保护当事人的合法权益，教育公民自觉遵守法律，维护社会秩序、经济秩序，保障社会主义建设事业顺利进行。
3. ×，解析：《民事诉讼法》第 3 条规定，人民法院受理公民之间、法人之间、其他组织之间以及他们相互之间因财产关系和人身关系提起的民事诉讼，适用本法的规定。
4. ×，解析：《民事诉讼法》第 5 条第 1 款规定，外国人、无国籍人、外国企业和组织在人民法院起诉、应诉，同中华人民共和国公民、法人和其他组织有同等的诉讼权利义务。
5. ×，解析：《民事诉讼法》第 6 条第 2 款规定，人民法院依照法律规定对民事案件独立进行审判，不受行政机关、社会团体和个人的干涉。
6. ×，解析：《民事诉讼法》第 11 条第 1 款规定，各民族公民都有用本民族语言、文字进行民事诉讼的权利。
7. √，解析：《民事诉讼法》第 14 条。
8. √，解析：《民事诉讼法》第 16 条。

（二）单项选择题

1. C，解析：《民事诉讼法》第 156 条规定，公众可以查阅发生法律效力的判决书、裁定书，但涉及国家秘密、商业秘密和个人隐私的内容除外。

2. D，解析：《民事诉讼法》第 2 条规定，中华人民共和国民事诉讼法的任务，是保护当事人行使诉讼权利，保证人民法院查明事实，分清是非，正确适用法律，及时审理民事案件，确认民事权利义务关系，制裁民事违法行为，保护当事人的合法权益，教育公民自觉遵守法律，维护社会秩序、经济秩序，保障社会主义建设事业顺利进行。
3. C，解析：《民事诉讼法》第 1 条规定，中华人民共和国民事诉讼法以宪法为根据，结合我国民事审判工作的经验和实际情况制定。
4. C，解析：《民事诉讼法》第 5 条第 1 款规定，外国人、无国籍人、外国企业和组织在人民法院起诉、应诉，同中华人民共和国公民、法人和其他组织有同等的诉讼权利义务。
5. D，解析：《民事诉讼法》第 8 条规定，民事诉讼当事人有平等的诉讼权利。人民法院审理民事案件，应当保障和便利当事人行使诉讼权利，对当事人在适用法律上一律平等。
6. C，解析：《民事诉讼法》第 11 条第 2 款规定，在少数民族聚居或者多民族共同居住的地区，人民法院应当用当地民族通用的语言、文字进行审理和发布法律文书。
7. D，解析：《民事诉讼法》度 14 条规定，人民检察院有权对民事诉讼实行法律监督。

（三）多项选择题

1. ABCD，解析：《民事诉讼法》第 2 条规定，中华人民共和国民事诉讼法的任务，是保护当事人行使诉讼权利，保证人民法院查明事实，分清是非，正确适用法律，及时审理民事案件，确认民事权利义务关系，制裁民事违法行为，保护当事人的合法权益，教育公民自觉遵守法律，维护社会秩序、经济秩序，保障社会主义建设事业顺利进行。
2. BD，解析：《民事诉讼法》第 3 条规定，人民法院受理公民之间、法人之间、其他组织之间以及他们相互之间因财产关系和人身关系提起的民事诉讼，适用本法的规定。
3. ABC，解析：《民事诉讼法》第 6 条第 2 款规定，人民法院依照法律规定对民事案件独立进行审判，不受行政机关、社会团体和个人的干涉。
4. ABCD，解析：《民事诉讼法》第 10 条规定，人民法院审理民事案件，依照法律规定实行合议、回避、公开审判和两审终审制度。

5. AB，解析：《民事诉讼法》第 12 条规定，人民法院审理民事案件时，当事人有权进行辩论。
6. ABC，解析：《民事诉讼法》第 15 条规定，机关、社会团体、企业事业单位对损害国家、集体或者个人民事权益的行为，可以支持受损害的单位或者个人向人民法院起诉。

（四）填空题

1. 宪法。（《民事诉讼法》第 1 条）
2. 诉讼权利；正确适用；及时审理。（《民事诉讼法》第 2 条）
3. 公民；法人；其他组织。（《民事诉讼法》第 3 条）
4. 人民法院；行政机关；社会团体；个人。（《民事诉讼法》第 6 条）
5. 事实；法律。（《民事诉讼法》第 7 条）
6. 自愿；合法；及时。（《民事诉讼法》第 9 条）
7. 民事；诉讼。（《民事诉讼法》第 13 条）
8. 国家；集体；个人。（《民事诉讼法》第 15 条）

（五）简答题

1. 答：《民事诉讼法》第 5 条规定，同等原则是指外国人、无国籍人、外国企业和组织在人民法院起诉、应诉，同中华人民共和国公民、法人和其他组织有同等的诉讼权利义务。对等原则是指外国法院对中华人民共和国公民、法人和其他组织的民事诉讼权利加以限制的，中华人民共和国人民法院对该国公民、企业和组织的民事诉讼权利，实行对等原则。
2. 答：《民事诉讼法》第 15 条规定，机关、社会团体、企业事业单位对损害国家、集体或者个人民事权益的行为，可以支持受损害的单位或者个人向人民法院起诉。

九、刑事诉讼法

（一）判断题

1. 被告人是未成年人的，不适用速裁程序。（　　）
2. 人民法院、人民检察院和公安机关办理未成年人刑事案件，应当保障未成年人行使其诉讼权利，保障未成年人得到法律帮助，并由熟悉未成年人身心特点的审判人员、检察人员、侦查人员承办。（　　）
3. 未成年犯罪嫌疑人、被告人没有委托辩护人的，人民法院、人民检察院、公安机关应当通知法律援助机构指派律师为其提供辩护。（　　）
4. 公安机关、人民检察院、人民法院办理未成年人刑事案件，根据情况可以对未成年犯罪嫌疑人、被告人的成长经历、犯罪原因、监护教育等情况进行调查。（　　）
5. 对未成年犯罪嫌疑人、被告人应当严格限制适用逮捕措施。人民法院审查批准逮捕和人民检查院决定逮捕，应当讯问未成年犯罪嫌疑人、被告人，听取辩护律师的意见。（　　）
6. 对于未成年人刑事案件，在讯问和审判的时候，应当通知未成年犯罪嫌疑人、被告人的法定代理人到场，到场的法定代理人可以代为行使未成年犯罪嫌疑人、被告人的诉讼权利。（　　）
7. 未成年犯罪嫌疑人及其法定代理人对人民检察院决定附条件不起诉有异议的，人民检察院应当作出不起诉的决定。（　　）
8. 附条件不起诉的考验期为 5 个月以上 1 年以下，从人民检察院作出附条件不起诉的决定之日起计算。（　　）
9. 被附条件不起诉的未成年犯罪嫌疑人在考验期内实施新的犯罪，人民检察院应当撤销附条件不起诉的决定，提起公诉。（　　）
10. 审判的时候被告人不满 18 周岁的案件，不公开审理。但是，经未成年被告人及其法定代理人同意，未成年被告人所在学校和未成年人保护组织可以派代表到场。（　　）

11. 犯罪的时候不满 18 周岁，被判处 3 年有期徒刑以下刑罚的，应当对相关犯罪记录予以封存。(　　)

(二) 单项选择题

1. 被告人是未成年人的，不适用(　　)。

A. 速裁程序　　B. 复杂程序

C. 法律程序　　D. 常规程序

2. 对犯罪的未成年人实行教育、感化、挽救的方针，坚持教育为主、惩罚为辅的(　　)。

A. 政策　　B. 主题

C. 原则　　D. 制度

3. 未成年犯罪嫌疑人、被告人没有(　　)的，人民法院、人民检察院、公安机关应当通知法律援助机构指派律师为其提供辩护。

A. 委托辩护人　　B. 律师

C. 诉讼代理人　　D. 诉讼参与人

4. 公安机关、人民检察院、人民法院办理未成年人(　　)，根据情况可以对未成年犯罪嫌疑人、被告人的成长经历、犯罪原因、监护教育等情况进行调查。

A. 民事案件　　B. 行政案件

C. 刑事案件　　D. 案件

5. 对被拘留、逮捕和执行刑罚的未成年人与成年人应当(　　)关押、管理或教育。

A. 共同　　B. 分层次

C. 分别　　D. 分开

6. 讯问女性未成年犯罪嫌疑人，应当有(　　)在场。

A. 监护人　　B. 工作人员

C. 女工作人员　　D. 女医生

7. 未成年犯罪嫌疑人及其法定代理人对人民检察院决定附条件不起诉有异议的，人民检察院应当作出(　　)的决定。

A. 起诉　　B. 不起诉

C. 附条件　　D. 不附条件

8. 在附条件不起诉的考验期内，由(　　)对被附条件不起诉的未成年犯罪嫌疑人进行监督考察。

A. 人民法院　　B. 公安机关

C. 人民检察院　　D. 社区矫正机构

9. 被附条件不起诉的未成年犯罪嫌疑人，在考验期内没有上述情形，考验期满的，人民检察院应当作出(　　)的决定。

A. 起诉　　B. 不起诉

C. 撤销起诉　　D. 继续起诉

10. 审判的时候被告人不满 18 周岁的案件，(　　)审理。但是，经未成年被告人及其法定代理人同意，未成年被告人所在学校和未成年人保护组织可以派代表到场。

A. 公开　　B. 不公开

C. 保密　　D. 不保密

11. 犯罪的时候不满(　　)周岁，被判处 5 年有期徒刑以下刑罚的，应当对相关犯罪记录予以封存。

A. 14　　B. 16

C. 18　　D. 20

(三) 多项选择题

1. 犯罪嫌疑人认罪认罚，有(　　)情形的，不需要签署认罪认罚具结书。

A. 犯罪嫌疑人是盲、聋、哑人

B. 未成年犯罪嫌疑人的法定代理人、辩护人对未成年人认罪认罚有异议

C. 是尚未完全丧失辨认或者控制自己行为能力的精神病人

D. 犯罪情节特别轻微

2. 有(　　)情形的，不适用速裁程序。

A. 被告人是盲、聋、哑人　　B. 被告人是未成年人

C. 案件有重大社会影响　　D. 其他不宜适用速裁程序审理

3. 对犯罪的未成年人实行(　　)的方针，坚持教育为主、惩罚为辅的原则。

A. 教育　　B. 感化

C. 挽救　　D. 感动

4. 未成年犯罪嫌疑人、被告人没有委托辩护人的，(　　)应当通知法律援助机构指派律师为其提供辩护。

A. 人民法院　　B. 人民检察院

C. 公安机关　　D. 司法机关

5. 公安机关、人民检察院、人民法院办理未成年人刑事案件，根据情况可以对未成年犯罪嫌疑人、被告人的(　　)等情况进行调查。

A. 成长经历　　B. 犯罪原因

C. 监护教育　　D. 亲朋好友

6. 对被拘留、逮捕和执行刑罚的未成年人与成年人应当(　　)。

A. 分别教育　　B. 分别管理

C. 分别关押　　D. 分别处理

7. 对于未成年人刑事案件，在讯问和审判的时候，应当通知未成年犯罪嫌疑人、被告人的法定代理人到场。无法通知、法定代理人不能到场或者法定代理人是共犯的，也可以通知未成年犯罪嫌疑人、被告人的(　　)到场，并将有关情况记录在案。

A. 其他成年亲属

B. 所在学校、单位、居住地基层组织

C. 未成年人保护组织的代表

D. 朋友

8. 人民检察院在作出附条件不起诉的决定以前，应当听取(　　)的意见。

A. 人民法院　　B. 公安机关

C. 被害人　　D. 起诉人

9. 被附条件不起诉的未成年犯罪嫌疑人，应当遵守下列哪些规定？(　　)

A. 遵守法律法规，服从监督

B. 按照考察机关的规定报告自己的活动情况

C. 离开所居住的市、县或者迁居，应当报经考察机关批准

D. 按照考察机关的要求接受矫治和教育

10. 被附条件不起诉的未成年犯罪嫌疑人，在考验期内有(　　)情形之一的，人民检察院应当撤销附条件不起诉的决定，提起公诉。

A. 实施新的犯罪

B. 发现决定附条件不起诉以前还有其他犯罪需要追诉

C. 违反治安管理规定

D. 违反考察机关有关附条件不起诉的监督管理规定且情节严重

11. 审判的时候被告人不满 18 周岁的案件，不公开审理。但是，经未成年被告人及其法定代理人同意，(　　)可以派代表到场。

A. 未成年被告人所在学校　　B. 未成年人保护组织

C. 人民检察院　　D. 公安机关

12. 犯罪记录被封存的，不得向(　　)提供，但司法机关为办案需要或者有关单位根据国家规定进行查询的除外。依法进行查询的单位，应当对被封存的犯罪记录的情况予以保密。

A. 人民检察院　　B. 人民法院

C. 任何单位　　D. 任何个人

(四) 填空题

1. 被告人是未成年人的，____速裁程序。

2. ____、____、____办理未成年人刑事案件，应当保障未成年人行使其诉讼权利，保障未成年人得到法律帮助，并由熟悉未成年人身心特点的审判人员、检察人员、侦查人员承办。

3. 未成年犯罪嫌疑人、被告人没有____的，人民法院、人民检察院、公安机关应当通知法律援助机构指派律师为其提供辩护。

4. 公安机关、人民检察院、人民法院办理未成年人____，根据情况可以对未成年犯罪嫌疑人、被告人的成长经历、犯罪原因、监护教育等情况进行调查。

5. 对未成年犯罪嫌疑人、被告人应当严格限制适用____。

6. 对被拘留、逮捕和执行刑罚的未成年人与成年人应当分别____、分别____、分别____。

7. 对于未成年人刑事案件，在讯问和审判的时候，应当通知未成年犯罪嫌疑人、被告人的____到场。

8. 审判未成年人刑事案件，未成年被告人最后陈述后，其法定代理人可以进行____。

9. 未成年犯罪嫌疑人及其法定代理人对人民检察院决定附条件不起诉有异议的，人民检察院应当作出____的决定。
10. 在附条件不起诉的考验期内，由人民检察院对被附条件不起诉的未成年犯罪嫌疑人进行____。未成年犯罪嫌疑人的监护人，应当对未成年犯罪嫌疑人加强管教，配合人民检察院做好____工作。
11. 附条件不起诉的考验期为____个月以上1年以下，从人民检察院作出附条件不起诉的决定之日起计算。
12. 审判的时候被告人不满18周岁的案件，____审理。但是，经未成年被告人及其法定代理人同意，未成年被告人所在学校和未成年人保护组织可以派代表到场。
13. 犯罪的时候不满18周岁，被判处5年有期徒刑以下刑罚的，应当对相关犯罪记录____。

（五）简答题

1. 简述犯罪嫌疑人认罪认罚，不需要签署认罪认罚具结书的情形。
2. 简述不适用速裁程序的情形。
3. 简述被附条件不起诉的未成年犯罪嫌疑人，应当遵守哪些规定以及附条件不起诉的考验期。

参考答案

（一）判断题

1. √，解析：根据《刑事诉讼法》第223条规定。
2. √，解析：根据《刑事诉讼法》第277条第2款规定。
3. √，解析：根据《刑事诉讼法》第278条规定。
4. √，解析：根据《刑事诉讼法》第279条规定。
5. ×，解析：根据《刑事诉讼法》第280条第1款规定，对未成年犯罪嫌疑人、被告人应当严格限制适用逮捕措施。人民检察院审查批准逮捕和人民法院决定逮捕，应当讯问未成年犯罪嫌疑人、被告人，听取辩护律师的意见。

6. √，解析：根据《刑事诉讼法》第 281 条第 1 款规定。

7. ×，解析：根据《刑事诉讼法》第 282 条第 3 款规定，未成年犯罪嫌疑人及其法定代理人对人民检察院决定附条件不起诉有异议的，人民检察院应当作出起诉的决定。

8. ×，解析：根据《刑事诉讼法》第 283 条第 2 款规定，附条件不起诉的考验期为 6 个月以上 1 年以下，从人民检察院作出附条件不起诉的决定之日起计算。

9. √，解析：根据《刑事诉讼法》第 284 条第 1 款规定。

10. √，解析：根据《刑事诉讼法》第 285 条规定。

11. ×，解析：根据《刑事诉讼法》第 286 条第 1 款规定，犯罪的时候不满 18 周岁，被判处 5 年有期徒刑以下刑罚的，应当对相关犯罪记录予以封存。

（二）单项选择题

1. A，解析：根据《刑事诉讼法》第 223 条规定，有下列情形之一的，不适用速裁程序：（1）被告人是盲、聋、哑人，或者是尚未完全丧失辨认或者控制自己行为能力的精神病人的；（2）被告人是未成年人的；（3）案件有重大社会影响的；（4）共同犯罪案件中部分被告人对指控的犯罪事实、罪名、量刑建议或者适用速裁程序有异议的；（5）被告人与被害人或者其法定代理人没有就附带民事诉讼赔偿等事项达成调解或者和解协议的；（6）其他不宜适用速裁程序审理的。

2. C，解析：根据《刑事诉讼法》第 277 条第 1 款规定，对犯罪的未成年人实行教育、感化、挽救的方针，坚持教育为主、惩罚为辅的原则。

3. A，解析：根据《刑事诉讼法》第 278 条规定，未成年犯罪嫌疑人、被告人没有委托辩护人的，人民法院、人民检察院、公安机关应当通知法律援助机构指派律师为其提供辩护。

4. C，解析：根据《刑事诉讼法》第 279 条规定，公安机关、人民检察院、人民法院办理未成年人刑事案件，根据情况可以对未成年犯罪嫌疑人、被告人的成长经历、犯罪原因、监护教育等情况进行调查。

5. C，解析：根据《刑事诉讼法》第 280 条第 2 款规定，对被拘留、逮捕和执行刑罚的未成年人与成年人应当分别关押、分别管理、分别教育。

6. C，解析：根据《刑事诉讼法》第 281 条第 3 款规定，讯问女性未成年犯罪嫌疑人，应当有女工作人员在场。

7. A，解析：根据《刑事诉讼法》第 282 条第 3 款规定，未成年犯罪嫌疑人及其法定代理人对人民检察院决定附条件不起诉有异议的，人民检察院应当作出起诉的决定。

8. C，解析：根据《刑事诉讼法》第283条第1款规定，在附条件不起诉的考验期内，由人民检察院对被附条件不起诉的未成年犯罪嫌疑人进行监督考察。未成年犯罪嫌疑人的监护人，应当对未成年犯罪嫌疑人加强管教，配合人民检察院做好监督考察工作。
9. B，解析：根据《刑事诉讼法》第284条第2款规定，被附条件不起诉的未成年犯罪嫌疑人，在考验期内没有上述情形，考验期满的，人民检察院应当作出不起诉的决定。
10. B，解析：根据《刑事诉讼法》第285条规定，审判的时候被告人不满18周岁的案件，不公开审理。但是，经未成年被告人及其法定代理人同意，未成年被告人所在学校和未成年人保护组织可以派代表到场。
11. C，解析：根据《刑事诉讼法》第286条第1款规定，犯罪的时候不满18周岁，被判处5年有期徒刑以下刑罚的，应当对相关犯罪记录予以封存。

（三）多项选择题

1. ABC，解析：根据《刑事诉讼法》第174条第2款规定，犯罪嫌疑人认罪认罚，有下列情形之一的，不需要签署认罪认罚具结书：（1）犯罪嫌疑人是盲、聋、哑人，或者是尚未完全丧失辨认或者控制自己行为能力的精神病人的；（2）未成年犯罪嫌疑人的法定代理人、辩护人对未成年人认罪认罚有异议的；（3）其他不需要签署认罪认罚具结书的情形。
2. ABCD，解析：根据《刑事诉讼法》第223条规定，有下列情形之一的，不适用速裁程序：（1）被告人是盲、聋、哑人，或者是尚未完全丧失辨认或者控制自己行为能力的精神病人的；（2）被告人是未成年人的；（3）案件有重大社会影响的；（4）共同犯罪案件中部分被告人对指控的犯罪事实、罪名、量刑建议或者适用速裁程序有异议的；（5）被告人与被害人或者其法定代理人没有就附带民事诉讼赔偿等事项达成调解或者和解协议的；（6）其他不宜适用速裁程序审理的。
3. ABC，解析：根据《刑事诉讼法》第277条第1款规定，对犯罪的未成年人实行教育、感化、挽救的方针，坚持教育为主、惩罚为辅的原则。
4. ABC，解析：根据《刑事诉讼法》第278条规定，未成年犯罪嫌疑人、被告人没有委托辩护人的，人民法院、人民检察院、公安机关应当通知法律援助机构指派律师为其提供辩护。

5. ABC，解析：根据《刑事诉讼法》第 279 条规定，公安机关、人民检察院、人民法院办理未成年人刑事案件，根据情况可以对未成年犯罪嫌疑人、被告人的成长经历、犯罪原因、监护教育等情况进行调查。
6. ABC，解析：根据《刑事诉讼法》第 280 条第 2 款规定，对被拘留、逮捕和执行刑罚的未成年人与成年人应当分别关押、分别管理、分别教育。
7. ABC，解析：根据《刑事诉讼法》第 281 条第 1 款规定，对于未成年人刑事案件，在讯问和审判的时候，应当通知未成年犯罪嫌疑人、被告人的法定代理人到场。无法通知、法定代理人不能到场或者法定代理人是共犯的，也可以通知未成年犯罪嫌疑人、被告人的其他成年亲属，所在学校、单位、居住地基层组织或者未成年人保护组织的代表到场，并将有关情况记录在案。到场的法定代理人可以代为行使未成年犯罪嫌疑人、被告人的诉讼权利。
8. BC，解析：根据《刑事诉讼法》第 282 条第 1 款规定，对于未成年人涉嫌刑法分则第四章、第五章、第六章规定的犯罪，可能判处 1 年有期徒刑以下刑罚，符合起诉条件，但有悔罪表现的，人民检察院可以作出附条件不起诉的决定。人民检察院在作出附条件不起诉的决定以前，应当听取公安机关、被害人的意见。
9. ABCD，解析：根据《刑事诉讼法》第 283 条第 3 款规定，被附条件不起诉的未成年犯罪嫌疑人，应当遵守下列规定：（1）遵守法律法规，服从监督；（2）按照考察机关的规定报告自己的活动情况；（3）离开所居住的市、县或者迁居，应当报经考察机关批准；（4）按照考察机关的要求接受矫治和教育。
10. ABCD，解析：根据《刑事诉讼法》第 284 条第 1 款规定，被附条件不起诉的未成年犯罪嫌疑人，在考验期内有下列情形之一的，人民检察院应当撤销附条件不起诉的决定，提起公诉：（1）实施新的犯罪或者发现决定附条件不起诉以前还有其他犯罪需要追诉的；（2）违反治安管理规定或者考察机关有关附条件不起诉的监督管理规定，情节严重的。
11. AB，解析：根据《刑事诉讼法》第 285 条规定，审判的时候被告人不满 18 周岁的案件，不公开审理。但是，经未成年被告人及其法定代理人同意，未成年被告人所在学校和未成年人保护组织可以派代表到场。
12. CD，解析：根据《刑事诉讼法》第 286 条规定，犯罪记录被封存的，不得向任何单位和个人提供，但司法机关为办案需要或者有关单位根据国家规定进行查询的除外。依法进行查询的单位，应当对被封存的犯罪记录的情况予以保密。

（四）填空题

1. 不适用。（《刑事诉讼法》第 223 条）
2. 人民法院；人民检察院；公安机关。（《刑事诉讼法》第 277 条第 2 款）
3. 委托辩护人。（《刑事诉讼法》第 278 条）
4. 刑事案件。（《刑事诉讼法》第 279 条）
5. 逮捕措施。（《刑事诉讼法》第 280 条第 1 款）
6. 关押；管理；教育。（《刑事诉讼法》第 280 条第 2 款）
7. 法定代理人。（《刑事诉讼法》第 281 条第 1 款）
8. 补充陈述。（《刑事诉讼法》第 281 条第 4 款）
9. 起诉。（《刑事诉讼法》第 282 条第 3 款）
10. 监督考察；监督考察。（《刑事诉讼法》第 283 条第 1 款）
11. 6。（《刑事诉讼法》第 283 条第 2 款）
12. 不公开。（《刑事诉讼法》第 285 条）
13. 予以封存。（《刑事诉讼法》第 286 条第 1 款）

（五）简答题

1. 答：根据《刑事诉讼法》第 174 条第 2 款规定，犯罪嫌疑人认罪认罚，有下列情形之一的，不需要签署认罪认罚具结书：（1）犯罪嫌疑人是盲、聋、哑人，或者是尚未完全丧失辨认或者控制自己行为能力的精神病人的；（2）未成年犯罪嫌疑人的法定代理人、辩护人对未成年人认罪认罚有异议的；（3）其他不需要签署认罪认罚具结书的情形。
2. 答：根据《刑事诉讼法》第 223 条规定，有下列情形之一的，不适用速裁程序：（1）被告人是盲、聋、哑人，或者是尚未完全丧失辨认或者控制自己行为能力的精神病人的；（2）被告人是未成年人的；（3）案件有重大社会影响的；（4）共同犯罪案件中部分被告人对指控的犯罪事实、罪名、量刑建议或者适用速裁程序有异议的；（5）被告人与被害人或者其法定代理人没有就附带民事诉讼赔偿等事项达成调解或者和解协议的；（6）其他不宜适用速裁程序审理的。
3. 答：根据《刑事诉讼法》第 283 条第 2 款和第 3 款规定，附条件不起诉的考验期为 6 个月以上 1 年以下，从人民检察院作出附条件不起诉的决定之日起计算；被附条件不起诉的未成年犯罪嫌疑人，应当遵守下列规定：（1）遵守法律法规，服从监督；（2）按照考察机关的规定报告自己的活动情况；（3）离开所居住的市、县或者迁居，应当报经考察机关批准；（4）按照考察机关的要求接受矫治和教育。